U0100899

THE NEXT DAYS

5000

天后的世界

[美] 凯文·凯利 著

Kevin Kelly

潘小多 译

[日] 大野和基 编

中信出版集团 | 北京

图书在版编目（CIP）数据

5000 天后的世界 /（美）凯文·凯利著；（日）大野
和基编；潘小多译 . -- 北京：中信出版社，2023.4（2023.10 重印）
　书名原文：THE NEXT 5000 DAYS
　ISBN 978-7-5217-5305-9

　Ⅰ. ① 5… Ⅱ. ①凯… ②大… ③潘… Ⅲ. ①世界经
济－通俗读物 Ⅳ. ① F11-49

中国国家版本馆 CIP 数据核字 (2023) 第 047537 号

5000 天后的世界
著者：　　［美］凯文·凯利
编者：　　［日］大野和基
译者：　　潘小多
出版发行：中信出版集团股份有限公司
　　　　　（北京市朝阳区东三环北路 27 号嘉铭中心　邮编　100020）
承印者：　北京诚信伟业印刷有限公司

开本：880mm×1230mm 1/32　　印张：6.75　　字数：85 千字
版次：2023 年 4 月第 1 版　　　印次：2023 年 10 月第 11 次印刷
京权图字：01-2023-0376　　　　书号：ISBN 978-7-5217-5305-9
　　　　　　　　　　　　　　　定价：69.00 元

目录

CONTENTS

推荐导读一

在米切尔·恩德的奇幻小说《毛毛》里，有一个充满想象力、爱讲故事的导游叫吉吉，有一天，他给两位尊贵的美国老太太讲了下面这样一个故事：

"惨无人道的暴君，人称罗特的马蒂乌斯·卡姆努斯国王曾经制订过一个计划，要按照他的意愿改变当时的整个世界。然而事实证明，不管他怎样做，人们仍然希望大致保持原状，不愿意轻易改变。

"马蒂乌斯·卡姆努斯到晚年精神错乱了。女士们，你们自然知道，当时还没有能治愈这种病的精神病医生。没法子，人们只好让那个暴君随意发怒。后来，卡姆努斯国王在胡思乱想的时候产生了一个想法：不再管这个现存的世界，去创造一个崭新的世界。

"他下令制造一个像地球一样大的地球仪，而且要百分之百地再现地球上的一切：每一棵树，每一条山脉，甚至海洋与湖泊。在死刑的威逼下，所有的人都被迫参加了制造地球仪的极其艰巨的劳动。

"人们首先制造了一个安放地球仪的底座。底座建好以后，人们就开始造地球仪。那是一个非常大非常大的圆球，和地球一般大。当圆球终于造好时，人们就在圆球上仿制出地球上的一切。

"制造这样大的地球仪自然需要许多材料，而这些材料除了从地球本身提取，没有其他途径。就这样，地球仪一天天地增大，而地球却一天天地缩小了。

"当那个新的世界完成时，人们不得不将地球上最后的一颗小石子按照原样放在它应该在的位置。当然，地球上所有的人也要全部移居到新的地球仪上，因为原来的地球已经被用完了。当卡姆努斯国王不得不承认，尽管花费那么大的力气，还是一切照旧时，他不由得羞愧万分，他用自己的长袍蒙起脑袋走了。他躲到什么地方去了，始终无人知晓。"

当看到凯文·凯利（Kevin Kelly）预测说，我们将在 5000 天后迎来崭新的巨大平台，世间万物均可以与 AI（人工智能）连接，现实世界与数字化将完美融合，被称为"镜像世界"的 AR（增强现实）世界将会诞生的时候，不知怎的，我想起了这个童话故事。

K.K. 说，在不久的将来，现实世界中所有的道路、建筑等实际存在的事物，都会在镜像世界中显示出它们的"数字孪生"——一个和实物同等大小的虚拟物。"我们将与这个镜像世界互动，操纵它，体验其中的一切，像我们在现实世界中那样……最终我们能够像搜索文本一样搜索物理空间——'请帮我找到所有能看到日出的沿河的公园长椅'。我们将把物体超链接到一个物理网络中，就像网络超链接文字一样，这会产生奇妙的效果，催生新产品。"

2019 年，K.K. 在《连线》杂志上写道："镜像世界尚未完全存在，但它正在到来。不久后的某一天，可能在未来 10~15 年内，现实世界中的每个地方、每样事物都将在镜像世界中拥有其全尺寸的数字孪生体。"这一世界不是二维或三维空间，而可以增加时间的维度，成为四维空间："谷歌地图中的街景图像只是门面，是连接在一起的平面图像。但在镜像世界中，虚拟建筑会有体积，虚拟椅子会和真实的椅子一样，而虚拟街道会有层层的纹理、缝隙和侵入物，传达出'街道'的感觉。"这个世界还可以不断地向后"倒退"和向前滚动，走在城市街头，你可以选择将 100 年前甚至 200 年前的影像叠加在实景之上。你只需要对智能眼镜发出指令——"我想看到这里 100 年前是什么样子"，眼镜里就会再现它当年的样子。这样你就可以随时"聆听"建筑物诉说时代的变迁。目前，我们通过 AR 头盔只能看到镜像世界的小块区域。但这些虚拟碎片正被一块块拼接起来，形成一个与现实世界平行的、为我们所共享的、持久的空间。

"镜像世界"和"数字孪生"都不是 K.K. 首创的。镜像世界是一个由耶鲁大学计算机科学家戴维·杰勒恩特首先推广的术语。早在 1991 年，杰勒恩特就带领大家想象：你看着你的电脑屏幕，看到的就是现实——例如，你的城市的图像、一直在变化的交通情况，你可以通过与图像互动达到同现实互动。事实上，镜像世界将彻底改变计算机的用途，将其从单纯为我们提供便利的工具转变为一个巨大的水晶球，使我们能够看到更生动的世界，也更深入地了解世界。

杰勒恩特认为，现实世界将逐渐被软件的数字模拟所取代，我们将生活在这种数字模拟中。一个巨大的公共软件将加入眼下的小规模软件程序中，彻底改变计算，改变整个社会，这个庞大的程序就是"镜像世界"。K.K.进一步将其描述为一个设想中的混合／增强现实平台，它将在地球的每一样事物上放置数字覆盖物。因而，镜像世界可以被看作一个由数百万人同时参与、覆盖全球的层叠结构。每一个人都身处自己所在的地区，但同时又和世界上各个角落的人共同处在一个地球大小的虚拟世界中。

"数字孪生"则出自美国国家航空航天局的约翰·维克斯。他在2010年的一份技术路线图报告中如此形容一个由双系统组成的模型，即已然存在的物理系统和一个包含物理系统所有信息的虚拟系统。这意味着在现实空间中存在的系统与虚拟空间中存在的系统之间有一种镜像关系，而且，二者是紧密连接的。数据通过传感器和网络从物理系统流向数字系统，使后者能够及时响应和更新。

维克斯认为，数字孪生是任何数字化转型的核心。可以说，数字孪生是基于模型的、任何事物的一个全面的、可互操作的版本。现有技术［如在线地图、大数据、3D 建模、AR、VR（虚拟现实）等］可以融合成一个连贯的系统，这使我们能够创建世界的数字孪生。从本质上讲，"我们正在构建一个范围几乎无法想象的 1 比 1 地图。当它完成时，我们的物理现实将与数字宇宙融为一体"。换句话说，准备好迎接你的房子、你的办公室、你的国家，甚至你的生活的数字孪生吧。

这不就是卡姆努斯国王想造出的新地球吗？只不过，建造者不是在死刑的逼迫下做苦工，而是自觉自愿、满怀欣喜地投入镜像世界的建设。在世界各地的科技公司的研究实验室深处，科学家和工程师们正在争先恐后地建造覆盖在实际场所上的虚拟场所。所有连接到互联网的东西都将被连接到镜像世界。而任何连接到镜像世界的东西，都会影响这个互联环境中的其他东西并被这些东西所影响。

K.K. 戏剧性地总结说，谁主导了这个新兴的平台，谁就会成为历史上最强大的力量。这种力量可以与谷歌和它主宰互联网的方式相提并论，也可以与脸书和微信如何统治社交媒体相提并论。这就是所谓的"第三大平台"。第一大平台是互联网，它将信息数字化，使知识受制于算法的力量；第二大平台是社交媒体，主要在手机上运行，它将人数字化，使人类的行为和关系受制于算法的力量。而镜像世界作为未来的第三大平台，将使世界上剩余的其他东西统统数字化。在这个平台上，所有的事物和场所都将是机器可读的。利用 AI 和算法，镜像世界既可以帮我们搜索现实世界，又可以帮我们搜索人际关系，并催生出新的事物。

杰勒恩特相信，镜像世界将是 21 世纪的伟大公共工程，也将是艺术和人文的巨大进步。我们获得了对世界的控制权，以及新的洞察力和视野。K.K. 则指出，镜像世界不仅是现实世界的复制品，而且是带有语境、意义和功能层的东西，这使其具有互动性和互操作性。镜像世界有令人惊奇的双重性质，融合了真实与虚拟，这将使游戏、娱乐、教育、工作具备现在无法想象的新的可能性。

然而，正是因为这种双重性，镜像世界的出现将在一个深刻的个人层面上影响我们所有人。我们知道，居住在双重世界中会对人产生严重的生理和心理影响，我们已经从目前生活在网络空间的经验当中了解到这一点。但我们不知道这些影响会有多大，更不知道如何为它们做准备或避免它们。我们甚至不知道使 AR 幻觉发挥作用的确切认知机制。我们本能地反感这种大数据的幽灵，想象其可能伤害我们的许多方式。

比如，镜像世界将引起重大的隐私问题。毕竟，它将包含数十亿只眼睛，在每一个点上都会瞥见事物，最后汇聚成一个连续的视图。镜像世界将创造大量的数据，我们现在无法想象其规模。要使这个空间领域发挥作用，令所有现实空间和事物的数字孪生与其同步，同时又让数百万人看到它，将需要对人和事物进行追踪，其程度只能称为全面监视状态。最终，一切都将有一个数字孪生体。

可是，扫描世界的能力是否一定会给我们一个更广阔的视野？博尔赫斯在短篇故事《阿莱夫》中讲述了一位诗人在他餐厅的地下室里发现了一个阿莱夫，一个可以看到世界上所有点的点。然而阿莱夫并没有给他带来任何洞察力。它所激发的诗歌是狗屁不通的，而这个诗人在荒谬的虚荣心和嫉妒心中度过了他的一生。博尔赫斯说，地下室里的阿莱夫只是一个虚假的阿莱夫，无非是"光学器具"而已。

正如《阿莱夫》文前所引《哈姆雷特》第二幕第二场，我们这些进入镜像世界中的人，其实不过是被困在坚果壳里，却认定自己是无限空间的国王。

又或者，镜像世界的建造者，很可能就像吉吉故事里的卡姆努斯国王，尽管令众人花费了那么大的力气，最终还是一切照旧，用来替代地球的"另一个地球"了无新意。

胡泳

北京大学新闻与传播学院教授

推荐导读二

　　凯文·凯利是数字文化领域的一位知名学者和未来学家，他的几部著作（如《失控》《科技想要什么》《必然》）给我留下了深刻的印象。2010 年 12 月 6 日，K.K. 在北京大学英杰交流中心发表演讲，那时我还在信息科学技术学院教书，也算有过一面之缘。

　　在我看来，能给出科技预言的人一定具备丰富的想象力，因为他能洞察到一些尚处在萌芽状态、常被人忽略的创新将迸发出的社会影响力——有的甚至会带来革命性的进步或颠覆性的破坏。K.K. 正是这样的预言家，他的诀窍是"倾听科技",活到老学到老。

恰如爱因斯坦所言,"想象力比知识更重要。因为知识是有限的,而想象力囊括整个世界"。想象力是人类最宝贵的能力。我敬佩K.K.永葆青春的好奇心和想象力,虽步入古稀之年却丝毫不减当初,相信读者也会有同感。

一开篇,K.K.就为我们描述了一个"数百万人一起工作的未来",它是AR、VR、机器翻译技术的必然产物。这种先进的生产方式,打破了地域壁垒,可以凝聚更多人的力量,K.K.称之为"镜像世界"。拿AR来说,真实的和虚拟的客体重叠在一起,其信息可以实时显现在用户眼前,仿佛空气一样无处不在。毫无疑问,人类的记忆束缚将得到释放,直观想象将如虎添翼。不夸张地讲,AR/VR技术将会彻底改变人类的生活方式,也会产生一系列的伦理问题。例如,我们需要区块链、生物特征识别等技术来保障数据无法被篡改,避免欺诈等恶意行为。

AI和大数据是无形经济的推动力。K.K.指出,AI并不会完全取代人类,通用的AI只是个神话。所谓"智能",在K.K.眼里不过是自然演化的一个结果。因此,智能的形态可以多种多样。由于AI能进一步解放生产力、激发人类的创造力，人们应学会逐渐适应它，给它更多自由发展的空间。

K.K. 预测，平台（例如谷歌的搜索平台、YouTube 的影音平台、微软的办公平台、脸书和推特的社交平台、亚马逊的电商平台、AWS 云计算平台等）将成为资本主义未来经济的关键，它是除政府、公司和非营利组织（NPO）之外的第四类组织，是大数据的拥有者。在数据为王的时代，个人信息应该让渡给谁来保护？"和政府相比，美国人更愿意相信企业"。而中国有着全然不同的数据治理思想，即数据不仅仅是组织或企业的资产，更是国家的一种基础战略资源（见《电信和互联网行业数据安全治理白皮书（2020 年）》）。在平台上，每个用户既是使用者也是贡献者，如何让他们也成为受益者？平台和政府有着怎样的关系？这些亟待解决的问题都具有挑战性。

K.K. 满怀希望地预见，未来的各种产业会因科技进步而重塑。例如，生物技术与人造食品，机器人与精密农业，自动驾驶与智能交通，人脸识别与智慧城市，无人机与物流配送，区块链与数字资产，新能源与低碳生活，人工智能与现代教育……随着人口老龄化的加剧，带有人机交互

能力（包括如 ChatGPT 这样的人机对话系统）的家用护理 /
服务型机器人将会拥有巨大的潜在市场。这些应用领域充
满了弯道超车的机会，也伴随有大量的技术伦理问题。

K.K. 是个乐观主义者，他把科技应用的利与弊分开
考虑，只要利大于弊就是值得发展的——这也是我们选择
科技的标准。保持从失败中学习和独立思考的能力，是
K.K. 认可的美德。"构想未来，其实一半在于构想，剩下
的一半在于寻找证据和方法，帮助我们实现构想。"

从年轻时代起，K.K. 就是亚洲文化的热衷者，他坚信
亚洲的时代即将到来，因为吃苦耐劳、重视教育、集体主
义等特点，恰是大国崛起的必要条件。他看好中国，预言
再过 10 年左右必会诞生像"苹果"一样伟大的中国企业。
历史告诉我们，孤立主义只有死路一条，唯有开放系统才
有可能通过熵减走向有序。哪怕再小的复利（即持续良性
的迭代），也蕴含着无穷的能量。于是 K.K. 认为，坚持改革
开放的中国的影响力注定要超过美国，他对美国遏制中国
发展的做法表示担忧。

《5000 天后的世界》是一部短小精悍却不失思想性与
启发性的佳作，适合所有对人工智能感兴趣的读者。K.K. 一

语道破预知科技未来的秘诀，就是不断追问科技想要什么，然后努力帮它实现。此外，他提醒我们，要辩证地看待科技的功与过。

长期以来，人们有一种误解，觉得科技等同于文明，即科技水平越高，文明程度就越高。这种误解很容易导致社会达尔文主义，为那些利用先进科技霸凌和掠夺弱小国家的帝国主义编织堂而皇之的借口。科技被滥用时，越先进，危害越大。所以，只有把人文也考虑进去，才能更好地理解什么是"文明"。人类必须小心翼翼地发展弱人工智能，不要让它成为人类文明的终结者。但愿未来如K.K.期待的那样，科技得到善用并造福全体人类。

对普通读者而言，这本书的价值在于了解未来科技的发展趋势。它给投资者带来热点追踪，帮求学者进行专业选择，给创业者带来长期信心。更重要的是，K.K.预测未来的方法，是每一位科学技术爱好者都梦寐以求的。科技改变历史，让我们一起憧憬和平、发展、公平、正义、民主、自由的美好生活，祝愿科学精神普照华夏大地。

于江生

Futurewei 公司机器学习与应用数学首席科学家

第一章

Chapter One

1

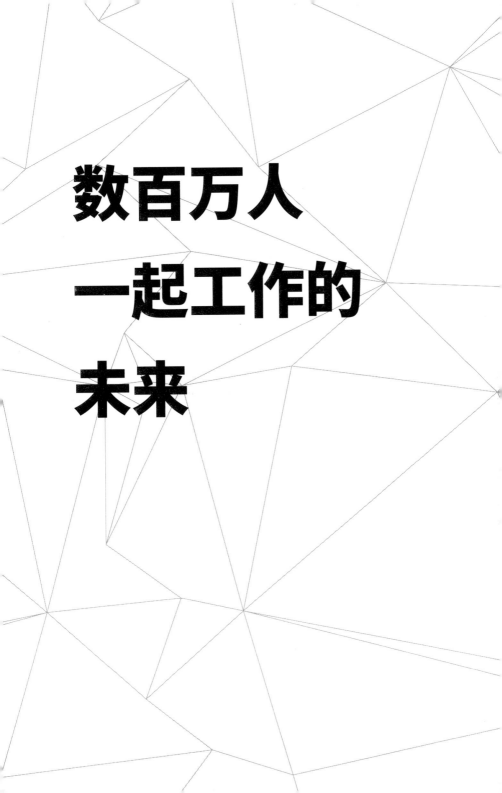

数百万人
一起工作的
未来

镜像世界带来的大变革

倾听科技，洞见未来

在我创作的《失控》中，我曾经预言了由科技巨头掌控的赢者通吃法则，以及免费经济和收益递增法则，并且预告了在 20 年后的财富排行榜上，必然会出现依靠这些法则财富暴增的 IT 精英。几十年过去了，我当年的猜测一个个都变成了现实。

因此，很多人跑来问我到底用什么样的方法，才能做出这样的分析。其实，我做的仅仅是倾听科技（listen to

the technology），因为科技是有生命的。我会不断地追问："科技想要什么？"然后努力帮其实现。

我是从科技的角度观察世界的，因为推动世界发展和变化的主导力就是科技，这一点毋庸置疑。就好像当人们发明了电，下一步必然是发现电波。无论宇宙中的哪一颗行星，无论哪一种文明，只要发明了电，电波必然会紧随其后，接着 Wi-Fi（无线网）就会诞生。我之前在《必然》里曾经提到过，诸如自动化（automation）等科技都是不可避免的，是必然会出现的。

当然，这里说的自动化，可能会因为面临不同的选择而显示出不同的具体特性。这些选择包括但不仅限于：自动化由谁控制、为谁所有；是共享型还是开放型；是商用还是非商用；是限于国内还是走出国门等。不过，有一点是我们不能选择的，那就是到底是否需要应用自动化。同样，对于 AI 的应用，我们也没有选择的自由。我在后面会进行详细的阐述，这就和生儿育女时基因的传承一样。我们只是在如何推进这个维度上有选择的余地，而且根据选择不同，结果也会大不相同。

其实，这和人类的成长非常相似。人类只要出生并长大，就势必要经历青春期，这一点你无法选择。你可以选择如何度过青春期，却不可能跳过这一阶段。

同理，文明的发展也是一样。即便我们移居到其他星球，只要那里的地形和重力等客观条件和地球接近，文明的发展进程就一定会以和地球文明类似的形式发生。

数百万人一起工作的未来

在未来的 50 年里，AI 将成为可以与自动化和产业革命相提并论的，不，应该是影响更为深远的趋势。

受益于 AI 这类科技的高度发展，未来人们的工作方式势必出现巨大的变化。在我所能预见的未来中，到处都充满了上百万人同时参与一项工作的可能。那么，让我们来了解一下这会是怎样的工作，需要哪些技术来帮助我们实现如此大规模的共同协作。

想要实现百万人同时参与一项工作，我们需要一些目前尚未普及的工具，例如拥有 AR 功能的智能眼镜。对于需要按步骤交互进行的工作而言，AR 这项技术比较容易实现和我们身体的互动。

　　AR 智能眼镜可以使身处不同地点的人产生很强的临场感，仿佛处于面对面的状态。这样，所有人都可以对物体的设计和大小有同样的认知，以此实现共同作业。虽然现在还不是非常普及，但是有公司已经生产出了 AR 智能眼镜。比如，微软于 2016 年就开发并生产了搭载 AR 功能的智能眼镜 Hololens。这款眼镜已经被应用在仓库和工厂等场景。工人会接受培训，并戴着 Hololens 进行作业。

　　除此之外，我们还需要一些特定的工具，以激励大家提出想法，并不断改良和优化这些想法。特别是对于最开始提出方案的人，当这项工作或项目引来注资之后，应该给予其合理的回报。至于用什么样的方式支付报酬，如今成为焦点的比特币等数字资产，以及区块链等技术，就会派上用场。

　　当然，快速发展的实时自动翻译技术也会发挥非常重要的作用，特别是其他语种与英语之间的互译。这些收费低廉到可以忽略不计的翻译应用会极大地扩展人们协作的范围，而且令工作过程变得轻松简单。世界上有很多拥有出众才能但不会说英语的人才，如果使用翻译技术，就可以让他们投身到以前无法参与的项目和工作中。

我们可以设想一下，大家利用共享资源（所有人都可以免费使用的软件程序等）制造自动驾驶的电动车。为了能够实现共同作业，协作者需要价格低廉的智能眼镜。这就需要有人设计出这种眼镜，并将其投入市场，大家一起推广和普及这种眼镜。所有这些工作，都将通过远程协作的方式进行。

几年前，社交新闻网站 Reddit 曾经策划过一个社会实验活动，在很短的时间内集结上百万参与者共同进行艺术创作。具体的方式就是由百万用户分别选择一个像素点填涂任意颜色，并且通过控制这个像素点让整个"像素画"发生改变。有的人为此还雇了他人共同作画。整个过程就像一场"像素大战"。

这个像素画活动只不过是一个游戏。但是要推广新生事物，趣味性必不可少。这种类似虚拟现实风格的游戏世界或游戏平台，也有可能成为未来的一个选择。

镜像世界是什么

近年来我一直倡导的 AR 世界——镜像世界，可以为更加复杂的生产协作提供必要的平台。

所谓的镜像世界，是耶鲁大学的戴维·杰勒恩特教授最先提出的概念。在镜像世界里，虚拟世界会与现实世界相重叠。美国导演史蒂文·斯皮尔伯格的电影《头号玩家》中就出现了类似的情节。

镜像世界可以被看作是一个由数百万人同时参与的、覆盖全球的层叠结构。每一个人都身处自己所在的地区，但同时又和世界上各个角落的人共同处在一个地球大小的虚拟世界中。

关于镜像世界最基础的解释，就是"将有关一个地点的所有信息叠加在现实世界中，并通过这个方法认识世界的全貌"。如果说 VR 是戴着眼镜沉浸在看不到周围事物的虚拟世界里，那么 AR 则是通过智能眼镜更好地观察现实世界。戴上眼镜，虚拟的影像和文字就会出现在真实的景物之上。

例如，当探访一处古旧的房子时，你如果戴上智能眼镜，看到的就不是眼前这个年代久远的建筑，而是房子的全部历史。复原图会和现实情景重叠在一起，给你带来更全面的感受。

同时，这项技术还可以在现实世界中用于导航。你如果戴着智能眼镜行走，眼前会出现表示路线和前进方向的蓝色箭头，甚至会有你喜欢的卡通形象带着你前进。不仅如此，朋友提前留下的信息、有用的广告信息等也会出现在眼前。以前造访过此地的朋友们可能给你写下有用的提示和留言，而且这些信息会一直保留下来。

此外，当和别人初次会面时，我们还可以看到他们胸前出现的虚拟名牌，这样就再也不用担心记不住对方姓名了。

再想想其他这样的例子。当你修理复杂的机械时，每一步的操作提示都会呈现在眼前。会有箭头告诉你，应该把十字改锥对准哪个位置。或者会有一个语音提示，告诉你下一步该怎么做，就好像有一位专业人士站在你身后，和你处在同一个角度，面对需要修理的部件。我们可以将影像重叠的技术运用到许许多多的领域。

在镜像世界中，"历史"成为动词

在镜像世界中，"历史"将变成一个动词。或许有些服务是需要收费的，但是想象一下，将手挡在看见的实景前"啪"地那么一挥，你就可以瞬间穿越到多年以前，看到这个地方曾经的面貌。走在城市街头，你可以选择将100年前甚至200年前的影像叠加在实景之上。你只需要对智能眼镜发出指令——"我想看到这里100年前是什么样子"，眼镜里就会再现它当年的样子。如果继续调整时间轴，你还能看到它200年前的样子，看到那个时代的风景。这样你就可以随时"聆听"建筑物诉说时代的变迁。

这样的功能如果应用在观光网站上，可能会大受欢迎。当你来到罗马时，面对断壁残垣，你只需要询问智能眼镜这里变为废墟前是什么样子，它就会向你展示这里旧日的胜景和曾经发生的故事。通过"亲眼见证"罗马的变迁，我们可以更深刻地感受历史的厚度。如果能开发出这样的应用软件，那么我相信热衷于研究历史的旅行者一定会对其爱不释手。当然，我们甚至可以请艺术家们描绘出这些景点未来的样子，就好像进行科幻小说的创作一样。

从这个意义上看，镜像世界就仿佛在三维空间的基础上增加时间这一维度，创造出一个四维的世界。

设想一下，在世界的任何一个角落，都有一个和实物同等大小的虚拟"数字孪生"（digital twin），佩戴上智能眼镜就可以使影像叠加在实景之上。有了这个创意，智能眼镜势必成为智能手机之后的又一个必需品。而且，它和平板不同，不会被塞在兜里随用随拿，而是时刻穿戴，随时使用。

当需要显示画面或拨出电话时，使用者可以将虚拟画面投影在客厅中，然后朋友或同事的画面就会显示出来，双方就可以实现"面对面地交流"。你只需要坐在自家客厅的沙发上，各种信息就会显示在面前的不同区域中。在不久的将来，现实世界中所有的道路、房屋、建筑等实际存在的事物，都会在镜像世界中显示出它们的"数字孪生"。

而这些将会被运用在我提到过的游戏、导航、教学、训练等各种场景之中。大家还记得风靡一时的游戏《宝可梦 GO》吗？宝可梦曾经让几亿玩家为之疯狂。玩家可以通过智能手机在现实世界里发现虚拟形象——宝可梦。这款游戏可以被视为镜像世界终将到来的序章。事实上，游戏的确是孕育最新技术的摇篮。

因为新冠病毒肺炎疫情肆虐，像 Zoom 这类 20 多年前就已经开发出来的视频会议系统突然成为刚需，变成最为实用的软件。视频会议系统本身和 20 年前相比并没有很大的改变，但因为它价格便宜、操作简单，现在人们都习惯于在日常的工作和生活中使用它。

当大众都意识到这类软件的好处时，专业人士感受到了另一种冲击。由于视频会议的普及，我们已经习惯了对着眼前画面中的人滔滔不绝。这不正是实现镜像世界的第一步吗？

社交媒体之后"新的巨大平台"将诞生

镜像世界可以使现实世界通过工具变得更易被解读。互联网作为第一个大平台，将全世界的信息数字化，使人们通过检索就可以找到问题的答案。我们到现在依然在使用它。

在互联网之后的下一代平台可以捕捉到人们的活动以

及相互关系，并且可以将人际关系数字化。它就是我们说的"社交图谱"（social graph）。社交图谱反映了用户通过各种途径认识的人，系统可以针对人际关系和个人活动，运用 AI 及算法绘制图谱。由此，第二个大平台——社交媒体（SNS）出现了。

继两大平台之后，第三大平台也即将全新登场。这就是将现实世界全部数字化的镜像世界。利用 AI 和算法，镜像世界既可以搜索现实世界，又可以搜索人际关系，并催生出新的事物。镜像世界的优势并不仅仅是可以让你"看见"一切。在镜像世界里，所有对象都变成了数据，都可以被机器读取。

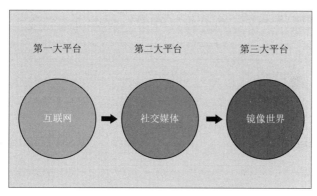

图1　镜像世界将成为第三大平台

在镜像世界里有一个常用的词——智慧空间网（spatial web），这是一个拥有三维空间的网络。为了让智慧空间的一切皆可以运用于现实，我们必须将现有的一切人工发明转换为智慧空间网中的一部分。

这个具体的过程被称为"映射"（mapping）。举例来说，绘制表示一个房间和房子位置关系的地图，并将其放在镜像空间中。"这个房子外面有一条小路，和旁边的房子相连……"这类描述可以表示出它与其他事物的关系，非常具体。

有一个类似的尝试，我们在很久以前讨论物联网（IoT）时就已经提及。所谓的物联网，就是通过给瓶子、椅子、书本等物品贴上极小的芯片使其通过无线网络与互联网相连。然而，它很难做到以实体形式进行连接。在很长时间内，专业人士认为这项技术无法适用于能分辨语义的"语义网"（semantic web）。但是，新的技术可以通过图像实现对现实空间的识别，便于让所有的事物都可以进行语义连接。

例如，佩戴上智能眼镜后，我们就相当于置身在语义网的世界之中。当我们看到桌子时，假设桌上放了一个盛有水的杯子，那么"看"的这个行为就可以让我们感知到杯子的存在，对现实世界进行再次映射。而这个结果会上报给了解具体配置的 AI，AI 就会将杯子这个新事物分离出来，从而认定桌子上面有杯子。

戴着眼镜的人就会发现桌上有杯子，并且知道这个杯子自上周起就摆放在那里了。通过移动杯子和举起杯子，我们可以与杯子相互作用。AI 甚至还会告诉我们这个杯子的种类，以及是谁制作了这个杯子。

因此，这个杯子在某种意义上成为一个被连接的元素，而且这种连接不是通过芯片上面的电流实现的。我们可以由它判断一个对象与其他事物之间的位置关系。这种定位是通过 AI 实现的。

万物皆可与 AI 相连

由此可见，所谓的"语义网"，不但能够理解词语和概念，还能够理解它们之间的逻辑关系，将世界有机地关联起来。当我们穿过房间时，网络上会同时形成一种理解，即"现在正在行走"。

AR 可以帮助我们迈向这种语义上的世界，而想要最终实现它，需要到处都有价格低廉但品质优良的 AI。

如果未来有这样可以处理信息深层含义的语义网，那么 AI 可以随时告诉我们眼前所有物品的材料以及人的名字。我们的生活会变得无比便捷。

当购买一样产品时，你可以在第一时间知道它的产地等相关信息。当你想知道饮用的水产于何时，你只要看一眼瓶子就能知道一切相关信息，帮助自己判断是否购买。（可能有人从来不会考虑这些，不过我自己是非常在意产地和原材料的。）

走进超市，只要将目光投向货架上的一排排蔬菜，你就能立刻看到"有机栽培""产地：墨西哥"等信息。AI 还可以帮你查出商品是否对你的胃口、是否为无麸质产品、有没有致敏成分。除此之外，AI 还可以立即提供烹饪这种蔬菜的推荐菜谱，告诉你还有谁在购买，卡路里的含量是多少。诸如此类，只要你想得到，它都能告诉你。

我们可以看出，这里的信息可以分成两部分：首先是对商品本身的注解，其次是延伸信息。你已经不需要有人对产品进行说明或分类，只要你将目光投向自己感兴趣的商品，AI 就会为你识别。你需要做的只是提问。这就仿佛有人坐在你身边耳语，针对你的问题一一给出答案。AI 甚至还可能给你做推荐，比如当你走过书店的书架时，它会告诉你"这本书适合你"。

镜像世界产生新的力量和财富

最后的胜利并不属于 GAFA

下面，让我们从经济的角度来思考镜像世界。首先，我们先要明确镜像世界的运营主体到底是谁。

当今互联网的运营主体并非政府，而是管理域名系统（DNS）的非营利组织。但是，推动这个体系的服务器其实主要为公司所有。人们想当然地认为互联网的运营团体在美国，或是由美国资本掌控，实际上它们并不属于美国政府。早期运营互联网的多是美国国民和团体组织。

基于这样的现状，我们可以设想一下，至少在西方国家里，未来运营镜像世界的也不会是政府。运营镜像世界未必是商业行为，很有可能由非营利组织或其他组织在基础层面给予支持。

大公司提供相关产品的可能性也很大，这一点可以参考现有的谷歌 Chrome 浏览器及苹果的 Safari 浏览器。在基础层面之上，公司的参与度就会体现出来。

推动镜像世界的商业模式究竟是怎样的呢？可以肯定的是广告盈利模式不会改变，这一点和现有的互联网及社交媒体没有差别。但是，获取人们的注意力可能不再是唯一的获得收益的方式。

在镜像世界中，人们的注意力会被密切追踪，并有可能被操纵。也就是说，用户极容易被榨取。从长远来看，镜像世界很有可能实行按月缴费的订阅模式，就像我们的宽带费用一样。

尽管如此，能够称雄这个 AR 世界的也不会是 GAFA（谷歌、亚马逊、脸书和苹果四大公司名称的首字母）等公司。纵观颠覆性技术的发展史，一个领域的主导者从来无法在下一个时代的平台上继续称雄。曾几何时，许许多多的公司妄图与制造计算机的 IBM 抗衡，并为此研发出一系列产品。然而没有一个公司侥幸成功。业界甚至流传着一个笑话："逆 IBM 者，遑论成功。"

表 2　历史上的赢家和新的赢家——颠覆性技术的历史

	Ⅰ期	Ⅱ期	Ⅲ期	Ⅳ期	Ⅴ期
赢家	IBM	微软	谷歌	脸书	尚不知名的 AR 企业
财富来源	硬件	软件／操作系统	搜索功能	社交媒体	AR 技术

然而，仿佛就在一瞬之间，IBM 也跌下了宝座。因为计算机的时代进入了一个不再聚焦于硬件而更在乎软件的时代。于是，能够做好软件开发的公司取而代之。众所周知，做出 Windows 的微软取得了胜利。

新一轮竞争继续展开，很多软件开发公司试图以自己的操作系统对抗微软，其结果依然是铩羽而归。因为微软太强大了，其他操作系统实难匹敌。那么，又是谁最终将微软推下了王座？成为时代新贵的就是搜索引擎公司——谷歌。它并没有致力于开发操作系统，而是开拓了搜索引擎的新天地。

然后，又有人想在搜索引擎的领域里和谷歌一决雌雄，结果依然是以失败告终。超越谷歌的新王者是社交媒体公司脸书。现在的局面是数以千计的公司都在社交媒体领域和脸书对抗，它们也很难取胜。下一个胜出的必然是AR 公司。

每一个时代最强的那个公司，从 IBM 到微软，再到谷歌和脸书，可能都会想要在 AR 的世界里站在最领先的位置。但是历史告诉我们，没有一个公司可以笑傲下一个时代。因为它们的成功会成为它们最大的桎梏。可以预见的是，未来最成功的那个公司，必然是今天还默默无闻的、在社交媒体领域外的某个小公司。

我在《新经济，新规则》这本书中就曾经提到过"赢者通吃"和"回报递增"的法则。AI 催生的新的镜像世界依然是一个资本主义的世界，因此"回报递增"之类的法则不可能消失。

这里涉及了一个词——网络效应。也就是说，用户增加得越多，对用户就越有利。这一点适用于任何一种网络关系，没有例外。

我们面对资本主义时能够做的就是适应它的发展趋

势，顺势而为，而无法抹杀它。时代发展到镜像世界后，会出现很多小的创业公司。未来如果有一个大型企业可以成为 AR 主导的镜像世界的大赢家，那么必然会同时出现构建这一环境的数以万计的小赢家。所谓"赢者通吃"法则，就是通过构建环境而产生全新的标准，而数以千万计的企业在这一标准上应运而生。

这一点与语言的产生有几分相似。当一种语言被社会广泛接纳后，它的格式就会固定下来，其意义与使用方法也会固定下来。于是，就产生了英语等语种。有了固定的标准语言，我们才能拥有丰富的图书以及各种作品。这个例子告诉我们，当出现大赢家时，成千上万的小赢家也会出现。这就是所谓的新机遇。

镜像世界已经悄无声息地铺开了它的疆域。你如果愿意付 2000 美元左右购买一副智能眼镜，就可以即刻体验它的魅力。

再过 10 年，估计就会出现可以在工作中使用的智能眼镜。镜像世界会扩展到办公室以外的各种场景，例如机械修理、工厂的培训和劳动、产品设计等。镜像世界甚至能让大企业摆脱台式计算机，并且很有可能走进校园。

再过 25 年，会出现更实用的智能眼镜，普通人也会经常使用。不过在那之前，比起家用，智能眼镜更多的还是会被用于办公和游戏。

AR 成为另一个选择

接下来，让我们再来看一看硬币的另一面。可能有人听到过一些对镜像世界科技的忧虑：它会让我们的社会处于监视之下，从很大程度上来说，它是不是将人类机械化了？这样真的会使我们变得更幸福吗？

一提到幸福，这就会变成一个非常复杂的话题。今天很多人都致力于研究何为幸福。幸福的定义以及判断一个人是否幸福的标准，我们至今仍在讨论。近年来的研究让我们知道，幸福可以有不同的形式。

当了解了各种研究后，我们就会发现发展和幸福息息相关。以前人们认为拥有的财富越多就越幸福。但现在人们认为财富非但不能帮助增加幸福感，有时候反而会让人感受不到幸福。

让我们再回到刚才的那个问题："AR 和镜像世界真的会让我们更幸福吗?"实话实说，我也不知道答案。不过，当一个人身体健康、可以自由支配自己的时间时，他应该更会感到幸福。不受他人的控制，自己的行为由自己掌控，人就会感到满足。这正是科技赋予我们的选择的多样性。

在过去，理发的就只是理发的，卖肉的也只是卖肉的。但是，现在出租车司机还可以同时在 Uber 接单。在原先选择的职业不变的同时，为了利用好自己的时间，现在人们也可以选择做新的工作。选择越多，人们就越容易找到自己真正感兴趣的、擅长的工作，同时也就越容易获得幸福。因为科技提供了更多的选择，所以越来越多的人找到了最适合自己的事情。

无论什么样的科技，在解决问题的同时都会带来新的问题。重要的是我们如何减少这些问题。对此，我的意见是要做好数据的追踪工作，随时检测和评估技术的发展。

美国食品药品监督管理局（FDA）在一种新药研制开发出来后，一定会先对其安全性和疗效进行检测，然后才会给予上市许可。在这之后，美国食品药品监督管理局不会再测试该药品。新药在上市后，可能会被用于其他用途。虽然这个药是因为某个特定目标研制出来的，但是它在用于治疗其他疾病时有可能会有意想不到的更好的效果。即便如此，对于这个新的使用途径，美国食品药品监督管理局也不会再做检测。因为他们认为初始的检测是永久有效的。

此类事情也发生在技术领域。在新的车型上市后，人们就不会对它再进行测试和评估。这样做的原因是，既然 20 年前已经认证了这款车的安全性，如今就没有必要再进行测试。但是，我认为应该每年对技术进行一次重新评估，而且要评估所有技术的优缺点，确保它们值得充分信赖。

经常会有人认为新技术更容易出现缺陷或问题，需要从严对待。这里说的"更容易"，是和什么相较而言的呢？如果是和"旧技术"相比，可能"新技术"的确容易出现问题。不过这就需要我们对"旧技术"也进行认真的检测、评估和记录。

所有的一切都应该在数据的基础上进行论证。

人们对新技术的管理通常以可预见的问题为前提，依靠想象制定使用规范。我个人认为要根据技术发展过程中的数据进行判断，不要基于对未来的想象做判断，一定要依靠数据。

我们无须对镜像世界的相关技术感到担忧，而应该时刻追踪，时刻关注。我们一定要助推其发展。畏首畏尾的人是无法采取理性行动的，只会做出蠢事。因此，我们需要做的就是明智地、时刻警醒地对技术加以监控。

全新的工作方式出现

前所未有的新工作方式

AR 和 VR 可以推动共同协作，因此可能有的读者会猜测，公司这种组织是不是终将失去存在的意义。甚至有人预测，未来自由职业者会增加，零工、短工会带动经济运转，所谓的"零工经济"会得到发展。

技术其实是不断累积的，旧的技术并不会彻底退出历史舞台。当今社会虽然是脸书和谷歌等超大规模企业称霸的时代，但是街头巷尾依然会有那种夫妻二人经营的小餐厅。而且，小规模的公司和店铺不仅没有减少，反而与以往相比有所增加。因此，由股东们支持的跨国企业并不会就此消失，甚至在已有大企业的基础上，还有可能出现其他大型组织。

同时，自由职业者会越来越多。目前地球人口在不断增长，这样的趋势至少还能保持 50 年。

我们真正需要关注的是未来是否会出现新的组织形式。如果答案是肯定的，那么这种新的组织形式是怎样的？比如，在 GitHub（世界各地的人都可以在该平台上保存和共享程序代码及数据）上，人们可以拥有松散的协作关系，没有人主导经营，也没有下达命令的上级。对于新的工作形式，我目前尚未想出一个恰当的名称。但是我相信未来会有越来越多的组织通过新的形式创造财富。

这种新的工作方式会成为主流，并确定其主导地位。但是，它并不会颠覆既有的公司形式，并取而代之，它会为人们增加一个选项。

在某种意义上，这种形式有点像非营利组织。每个人都会找到自己想要从事的工作，选择公司以外的另一种模式。这种形式的特点就是结构非常松散，既有营利组织的特点，又有非营利组织的特点，是一种扁平化的形式。

如果一定要在现实中找到近似的模式，我觉得它可能和 Kickstarter（一个美国的众筹网站平台）比较相像。具体而言，一个人如果想要开发某个产品，可能会想到两种不同的方式：第一，创立公司筹募资金，发布产品；第二，在 Kickstarter 上筹募资金。两者的最大区别就在于出资人是投资人还是消费者。

也就是说，Kickstarter 提供了另一种选择，即不需要先成立商业公司，也可以筹募资金，开发产品。我们刚刚探讨的新型组织，也是在实现目标的过程中用各种方法和途径一点点解决问题，补充自身的功能。

我们这个时代最受人关注的技术产生于 35 年前，即计算机和通信技术开始结合之时。为了推动协作生产，迄今为止我们一直致力于发展可以加强交流和沟通的技术。现有的技术大都和协作生产相关，基本属于既有技术的完善和发展，而非全新的技术。

在这个前提下，协作生产要求参与者必须面对面。这就是目前协作生产发展的瓶颈。人们必须进入公司才能完成协作。每一个个体的生产者并未掌握足够的信息，很多信息都是由上司传递下来。这一点在建筑等领域里表现得极其显著。

但是，如果运用最新的技术，人们就可以和团队成员共享所有信息，实现真正的协作生产。信息传递扁平化，不需要由上级提供。只要佩戴智能眼镜，所有人都能即时得到信息。每个人只需要各司其职，平等协作，不再有劳动形式的要求。无论你是全职还是兼职，甚至远程，都可以参与工作。这种新的工作形式的出现，可以使工作的范围得到极大的扩展。

此外，如果需要面对面工作，那么一个区域内能够容纳的人数可能只有几十人。但是如果使用 VR 技术，这个数量会扩展到几千人。美国指挥家埃里克·惠特克曾经组建了"虚拟合唱团"。通过线上远程的形式，来自全世界的 2000 位歌唱家同时演唱一首歌曲，歌声也非常美妙。

歌唱家们用实际行动完成了线下几乎不可能实现的协作。这只是运用了协作生产工具的一个例子。如果再加上区块链、维基百科、Github 等工具，协作生产必将更加便利。

未来将会有越来越多的人加入异地协作生产的队伍之

中，相信伴随这一变化，还会出现更多的孵化机构。

再次需要强调的是，尽管我一再肯定异地协作的重要性和必要性，但是我依然相信面对面的直接协作是有效且有价值的。创客（maker）的线下活动就是一个例子。支持创业的孵化器、想要更快地开发新产品的人会汇集在一起。这种形式效果很好，在未来也不会彻底消失。

我想说的是，人们的选择多种多样。现在又多了一种选择。我们要灵活运用过去的方法和新方法。我们可以配合智能眼镜，和远在柬埔寨或越南的人们一起工作，以前没有的、在虚拟的远程环境中开展的工作将会增加。同时，面对面的线下活动也会被保留下来。创客和孵化器聚集的空间会一直延续下去，这对于创造出成果将大有裨益。

区块链的可能性

无论是维基百科还是 Github，它们的问题都在于不涉及金钱，因此一旦开始和钱发生关联，事情就会变得非常棘手。确保双方的信用，这是相当耗费成本的。

本章一开始就将区块链列为 AR 协作生产不可或缺的工具之一。数字货币和区块链这些新技术使得协作生产中的支付环节变得简单。这里所指的并非一般的公开技术，而是通过改进达到商业级别的技术。未来，所有的开发者必然都能得到合理的补偿。

在一个非常公开的网络中，人们可以相互提供工作机会和创意。为了避免欺诈等恶意行为，我们需要使所有活动都可以被追踪。假使有人在完成了一项工作后，工作成果被淹没在了系统中，或者被人恶意清理，只要使用区块链技术，他的工作就能够得到确认。每一项工作都有对应的完成者，工作和工作的完成者不会被随便分割开来。

区块链在公司也同样可以应用。目前公司的财务处理都是一次性的，以每月、每周或者每日一次的方式结算。但是实际上所有的数据都在实时发生变化，如果使用区块链技术，所有的结算都会在发生的节点得到及时处理，以此实现实时性财务结算。

不仅如此，对个体而言，区块链也十分有意义。它可以确保我们在不与他人共享信息的情况下，依然保有个体属性。使用区块链后，人们无须公开自己的全部数据，也可以被有效识别。

　　配合指纹、声音或虹膜识别等生物特征识别手段，个体的信息和数据就能做到仅对有权限的人群公开。因此，区块链还可以帮助我们增强网络安全性。

工作与游戏融合的时代

年轻人比老人更容易失业的时代

人们说日本现在已经进入了"百岁人生时代",在不久的将来人们要到 70 岁以后才能退休了。也许有人会担心这样的老人家怎么能跟得上技术的迭代呢,又是 AR 又是 VR 的,对老年人来说,肯定会很难驾驭。

但是,我作为一个快 70 岁的老人,要对此表示反对。我知道新技术会稍微费点力气,但并不是完全无法掌握。可能现在的确有些老人不愿意主动接触新技术,这个情况未来也会发生改变。

我的孩子都是 20 多岁的年龄，我想等到他们 70 多岁的时候，应该不会在面对新技术时束手无策。因为他们就是在科技不断发展的年代成长起来的。他们希望如此，这就是他们这一代人的文化。此外，70 岁就无法学习新技术的这种假设也有些荒谬。人们觉得老年人会固守自己的知识领域，会趋于保守，这对年轻人来说其实有时也有很大的益处。

我对于 70 多岁的求职者会少一些担心，我更担心的是二十几岁的年轻人要和七八十岁甚至百岁老人一起去求职。我最担心二十几岁的年轻人如何从七八十岁甚至百岁老人中胜出并找到工作，也就是如何确保年轻人有工作岗位。

假如老年人能够自如地运用最新科技，年轻人将情何以堪？如果一个既有经验又有阅历的老人同时还掌握着最新的技术，恐怕世界上将不再有年轻人的就业机会。

如果出现这样的情况，年轻人势必要输给年长且经验丰富的老人。这是我最担心的。70 多岁的人现在也完全可以应对新科技。我本人马上就要到古稀之年了，较之以前，工作的心气有增无减。

重新定义工作

如今日本已迈入重度老龄化阶段，世界上很多国家也将面对这一现实。美国如果不接受更多的移民，也无法避免年轻劳动力的缺失。事实上，无论如何，老龄化都是人类社会无法避免的进程。如果没有新生力量的加入，我们就需要对 70 多岁的人口进行继续教育，探索让他们代替年轻的生产力的可能性。

如果发展到那一天，我们对工作的定义势必会发生改变。何为工作，我们对工作的期待是什么，工作报酬以何种方式领取，都会发生变化。现在，人们已经开始思考工作应有的状态，思考工作是否应该是需要忍耐的，是否一定会伴随伤害，并且开始积极地探讨我们应该如何消除工作的负面影响。其实，现在是时候重新定义"工作"了。

倘若有人问我是不是还在工作，说实话，我感觉自己又像是在工作，又像是已经退休。这可能是我自己的工作性质造成的。不过，很多人是不是也可以把他们愿意做的事情视为工作呢？比如帮助他人，教育儿童。自己愿意全情投入的事情，是不是就不是"工作"了呢？

由此我产生了一个想法，就是从长远发展的眼光看，工作和娱乐的界限终会消失。二者终有一天会完全重叠，无论从技术层面还是财富层面，我们终将无法界定到底是在工作还是在取悦自己。这将是我们的努力方向，也应该成为我们的目标。

不过，在此之前，我们必须经历所有必经的阶段。对现在的老龄人群而言，如果需要每天上班打卡，在单位耗到下班，并且只有以此为代价才能拿到工资，恐怕也很不现实。所以我们一定要改变现有的工作方式。

第二章

Chapter Two

2

进化中的数字经济的现状

AI化与新一轮产业革命的影响

未来 50 年是 AI 的时代

如果要用"××时代"来描述今时今日,"时代"之前用哪个词才最合适呢?

首先,我们可以称自己处于 AI 时代的初级阶段。在未来 50 年,AI 将成为可以与自动化和产业革命相提并论,甚至影响更深远的趋势。各种各样的事物都会拥有智能和情感,会出现类似于新产业革命的变化。

就如同人类通过智慧改变了这个星球一样,其他智能将会继续赋予世界新的改变。这样的改变将会带领我们进入未来。在这一章里，我将和大家一同思考 AI 会带来何种巨变。

从现在开始我们要进入"沉浸式计算"（immersive computing）的时代。我们身边的一切都要和计算相关联，也就是所谓的"普适计算"（ubiquitous computing）时代。

计算机不再是摆在桌上或随身携带的硬件，而成为环境中无处不在的存在。我们被计算机环绕，沉浸在与计算机相关联的世界之中，就仿佛与它们同存共生。这样的场景我在上文中也提到过。

如果将变化的区间设置为未来 100 年，那么人类将会迎来一个"新生物学时代"。届时，AI 和其他工具将被用于改造我们的身体和其他生物学现象。关于这一点，我会在第三章中详细阐述。在 21 世纪即将结束时，人类会发现自己已然步入新生物学的时代。

AI 的进化

其实，现在很少能有人明确指出人的智能与人工智能的差别。人脑的认知功能有很多，类似阿尔法围棋（AlphaGo，谷歌开发的围棋人工智能程序）和机器学习，无非只是将其中一种认知功能通过人工开发出来而已。

如今的 AI 还只是类似于模式识别而已。比如阿尔法围棋的背后原理，跟国际象棋 AI 或面部识别是一样的。为了完成模式识别的训练，研究人员需要让阿尔法围棋学习几百万种模式，这种知识的转移还在不断进行当中。

现在的人工智能只能将我们大脑所做工作的一部分合成并制作出来。对人脑的智能而言，这实在是微不足道的一小部分。正如我在前文中所提到的那样，我们还无法充分了解这个领域，甚至对于动物的智能也所知甚少。因此，再过 50 年，当回忆今天时，我们只会感慨当年真的是在蹒跚学步。

世上从来没有天生的专家，甚至某个时代的专家在几十年后的人看来也不过是一知半解。这就和 20 世纪 50 年代刚开始制造火箭的时候一样，一切刚刚起步，人们对火箭的认知几乎为零。再过三五十年，我们回顾今天的感觉就和站在此刻回首 20 世纪 50 年代别无二致。

今天这些毕业于顶级学府的 AI 研究者，动辄几十万美元的年薪。再过 50 年，那时的人们可能会说他们"对 AI 一无所知"。因为现在 AI 的门槛还不高，想成为专家其实也不难。只要对神经网络有所了解，几乎就有可能跻身权威之列。这都是因为 AI 刚刚起步，任何现在进入这个行业的人都可能很快成为开创者。无论开发什么样的 AI 系统，只要利用该系统做一些工作，都可以算是开创了一个先河。

每个人都能适应 AI

我在以前的书里曾经说过："AI 并不会扩大贫富差距。到了 2050 年，世界上最赚钱的工作将会是自动化，以及与尚未发明出来的机器相关联的行业。"在未来的 50 年，甚至更长的时间内，AI 还会继续发展，并颠覆我们的生活。但是，AI 究竟是"剥夺了我们的工作机会"，还是"催生了新的就业可能"？关于这一点的讨论，还会在很长时间内持续下去。

不过，我猜测，再过50年的时间，比起被剥夺工作机会，新技术会创造更多新的就业可能。虽然有些工作必然会消失，但是总体而言，工作机会会越来越多。到了那个时候，又将有新的 AI 诞生，人类注定还要产生同样的担忧。

我在一次演讲中表达过以下观点："科学和创新其实从本质上说都是效率低下的东西，我们其实可以把追求效率和生产力的任务交给机器人去完成。"当时就有人提出疑问："这对于有创造力的、可以实现创新的人而言固然很好。但有些人并不具备这样的素质，只能从事生产性的工作，这些人该怎么办？"

这个世界上不存在只能用生产力和效率来评价的人。这是一种偏见，是古代阶级社会中的特权阶层蔑视出身卑微者的观点。只不过到了今天，这种偏见针对的是一个人有没有创造性。

即便是直到50岁都只从事过一种职业的人，只要给他们一个正确的动机和适当的帮助，他们就会发生改变。这和学校教育的关系不大，关键是如何改变他们的自我。我坚信如果全社会都向这个方向努力，人就一定会发生巨大的转变。

举例而言，一个没有受过太多教育的年轻人加入美国军队，就会立刻接触到很多先进的技术，并迅速掌握全面的技能。类似的研修计划如果可以大规模推广，一定会带来很多好处。

让一个以固定模式工作了几十年的老年人再去迎接新挑战，绝对不是一件易事。但是他们最需要改变的并不是职业或家庭环境，而是人生观念，是对自我的设定。其实，对于这样的改变，人们大都是怀有热情且愿意尝试的。

那么，想要实现这种改变，我们应该具备怎样的环境、技能和教育模式呢？我们需要来自社会的支持。我们还需要树立一种典范，鼓励人们渴望成为这样的人。

在工厂工作的男性，大多会表现得比较有阳刚之气，但是这并不妨碍他们同时展现不同的气质。这就需要社会发挥作用了。很多人并不是经过认真思考才开始从事现在的工作的，也并没有在工作中发现太多价值。因此，激发他们成为另一种人，是一件很有意义的事情。

美国政府为伊拉克战争浪费了 2 兆美元！足足 2 兆啊！如果这些钱可以用在再就业的教育工作上该多好。至少在美国有很多钱都浪费在了莫名其妙的地方。

把枯燥的工作丢给 AI，去做创造性的工作

我曾经提出过一个观点：只要能够获得几千个忠实的"粉丝"，很多创作者就可以衣食无忧了。未来的 AI 其实会更多地被应用在重复性较多、比较死板且追求效率的工作上。这种性质的工作人们完全可以丢给 AI，从而解放自己，多做一些有创造性的工作。

大家可能知道，如今少说也有几百万人在 YouTube 上发过视频，其中蕴含着无数的创意。这些视频的创作者大多不以此为生，都从事着其他工作。再向前追溯 200 年，大家都是靠土地为生的农民，很少有时间和心情学习新鲜事物。

但这样的一群人，仅仅用了数周时间学习视频的拍摄和制作方法，接着就能创作出向他人介绍某件事或某个产

品的视频。这样的创造力在他们学会如何使用技术前就藏在他们体内。他们利用由技术发展带来的空闲时间，让自己变得更有创造力，与人分享自己的工作和生活。

在 YouTube 出现的 200 年前，也曾有人默默地在自家农舍院内雕刻艺术品，即便没有人会给予赞美。而现在，即使是农民也可以联结全世界，农民的雕刻作品也可能得到上千人的赞美。在过去，这根本不可能。

100 万人中有 1 个人觉得有趣就够了。视频平台和互联网可以让每个人都成为自媒体，通过它们，每个人都可以和几十亿人分享自己的作品，让数以千计的粉丝看到。

即使是认为自己没有什么创造力的人，在未来也可以凭借技术的力量成为一个有创造力的人。

我母亲那一辈人，每天都要烧菜做饭，可能从来没有人把做饭视为创造性的活动。但是我们现在可以在 YouTube 或网飞的节目中看到大量的创意烹饪，甚至一些早年间很普通的菜肴，也被认为很有创意。

还有些人热衷于收集某样物件，在自家院里搭建风车，裁衣缝纫乐此不疲……无论是什么样的兴趣爱好，只要你分享你的爱好，就可以在世界的某个角落找到点赞和评论的人。他们的鼓励和赞美就是你发挥创造力的动力。

不存在通用的人工智能

然而，AI 不是万能的。我的前同事斯图尔特·布兰德给杂志《全球概览》(*Whole Earth Catalog*)起的副标题是"我们就像神一样，可能做得和神一样好"。也许，我们真的有了像神一样的力量。我不是想说我们无所不知，无所不能，也不是不会犯错。我想说的是我们的确拥有创造新事物的能力，甚至可以创造出能够创造其他事物的事物。

万能的神并没有创造世界，而是创造了可以创造世界的生物。重点在于二次创造。

这其实比从头打造一个世界要容易，我们只要创造出可以创造世界的生物即可。从这个角度看，我们可以努力成为神，创出 AI 或机器人，让它们进化出意识，可以自主进行创造活动，接下来它们就会再去发明新的事物。

等到了这一刻，我们就真的可以被称为"神"了。

不过，我不相信存在通用的人工智能，那只是神话，是人类以自我为中心进行思考时对人工智能的错误理解。在地球上，已知的具备智能的生物并不多，因此人类可能认为自己是非常独特的物种，并具备可通用于各种领域的智能。

我甚至不认为人类的智能具有通用性，人类的智能无非是经过几百万年的时间，为了生存下去而进化出的非常有局限性的合成物而已。在所有可能的想法与精神空间之中，它只是一个小小的点。因此，并不存在什么通用人工智能。

这就好像我们的身体不是通用的，我们的身体是为了在非洲的热带草原上生存下来而进化来的，不是无所不能的。

地球上的每一个物种，为了生存下来都在努力进化成极其特殊的个体。我们的智能也与之相似。

我们如果可以调查全宇宙的智能物种，必然会发现极其多样的智能种类。

我们以自己的智能创造的人工智能，只具有单一功能。我不否认，很多事物可以兼具多重功能，比如我们可以制作出厨房料理机这种既能切割又能搅拌食物的产品。但是这样的产品所谓的多功能在本质上是很单一的，因此，通用的人工智能并不存在。

AI 如果不断进化，或许会对股票市场产生巨大影响，但是假如所有人都可以使用这种 AI，那么其效果就会大打折扣。股市本就充满不确定性，再有 AI 加持，恐怕只会变得更加难以预测。如果只有一个人可以使用，事情或许会向明朗的方向发展，但如果谁都可以使用，好的影响只会互相抵消，并使得预测股市变得难上加难。

思考 AI 带来的改变

近年来，出现了很多应用 AI 技术的新产品，例如搭载 AI 技术的汽车等。我曾经列出过一个"最不可能和 AI 结合的事物排行榜"，其中的最后一项是"编织与 AI 的结合"。不过，就在不久之前，编织也实现了和 AI 的结合。

几天前，我收到一个德国人寄来的信件，信中写道他已经写出了与编织相关的 AI 程序。所以，我们以后完全不需要因为某个事物突然"变得智能"而感到惊讶。或者说，AI 带来的令人惊奇的点，大都是 AI 的次生效应。

关于这点请允许我详细解释一下。著名的科幻作家阿瑟·C.克拉克曾经说过这样的话："想象自动化是非常简单的事情，比如，想象马车如何发展为汽车不是一件难事。但是，自动化带来的真正的重大影响，其实是汽车这项发明带来的次生效应。例如交通堵塞，以及由此产生的上下班高峰，还有全新的汽车电影院等，这些都是次生效应。在一个新事物产生之初，我们很难预知它的影响会波及哪些方面。"

同理，我们比较容易想象出"X+AI"的组合，但是很难预测由此造成的影响。

我想和大家分享的是，当我在思考次生效应的时候我是如何思考的。

我们还是以汽车为例。当汽车遍布全世界的时候，紧随其后出现的是交通堵塞、上下班高峰。

那么将汽车换成 AI 呢？当 AI 无处不在的时候，当我们使用的所有工具都和 AI 相关，当我们已经对 AI 习以为常，甚至意识不到它的存在的时候，会发生什么呢？

假如这时还有一部分人从不使用 AI，他们会过怎样不同的生活呢？或是同为 AI 使用者，人们之间的交流和现在的我们有什么不同呢？想必 AI 也会出现不同的层次，不同层次的 AI 之间是否也会产生某种联系？我总会在心中饶有兴致地想象这些场景，总觉得会发生许多有趣的事。

后GAFA时代

25 年内就会出现 GAFA 的替代者

亚马逊创始人杰夫·贝佐斯曾说过，"亚马逊必然会消亡"。GAFA 在大约 25 年内就会被取代，不会再有现在的势头，也不会再位列顶端。不过，距离这四家企业彻底消亡还要 100 年的时间。以曾经的世界零售业王者美国西尔斯百货（Sears）为例，早在 20 年前它便已经风光不再，但是在经历了破产和重组后，如今西尔斯依然在零售业中勉强保有一席之地。

因此，20年后依然会有亚马逊，但在下个世纪到来之前它可能会消失。不过，毕竟是如此大的企业，一部分服务器也有可能留存下来。

相比之下，脸书仅仅是一个独立的公司，因此地位更加岌岌可危。谷歌普及率极高，我认为不会消失。不过即便它保留现有的搜索功能，AR搜索业务可能也会由其他企业掌管。总之，最多再经历一代或两代人，GAFA的地位就会发生改变。

除了亚马逊，其他三家企业并没有太多雇员。因此，公司在一段时间内依然会保持人均收入较高的现状，公司也会继续发展。有人认为大企业的社会责任就是创造更多就业机会，其代表之一就是美国的通用电气公司。我却不以为然，没必要增加超过需求量的就业岗位。

机遇到处都有，雇佣形式也多种多样，因此由一家公司承担过大的就业压力并非良策。一旦雇员数量增加，想要改变企业文化就会变得更加困难，而且人均利润率也会相应下降。因此，我一直认为减少员工人数才是正确的做法。

当今社会中，大企业似乎都被施了魔咒，反对大企业成为主流。我对此持反对意见。对互联网企业而言，扩大规模才是顺势而为。唯有足够大，才会对别人有所帮助。而且，如果一直保持同等规模，企业就很难规避倒闭的风险。

一个大企业在未来会被其他大企业取代，然后取而代之者又会被另一个大企业取代。但是在拥有绝对优势的时期，它们会维持一个相对稳定的环境，无论是消费者还是开发者，所有相关人员都会从中受益。

不仅如此，正因为规模大，企业才有更多可能性。试想一下，想要实施探月计划，我们就需要拥有强大的系统，制作大型的火箭。如果想打造空间站，或是解决全球变暖等问题，我们也需要足够的支持。所以目前流行的"反大企业"趋势是错误的。想要完成更大的计划、确立更大的目标，就必须依托更大的组织。

这样的大型组织需要人力维护，因此无论是环境还是生态，都应该具备可持续性。庞大的组织规模可以是有害的，也可以是有益的。

制约 GAFA 毫无意义

如前文所述，社会主流意见认为科技巨头的垄断行为危害严重，应该加强对这类企业的制约和管理。但是，很多人可能尚未意识到，对大企业的制约反而会增加它们的力量，导致竞争对手丧失战斗力。因为大企业可以负担因制约而增加的成本，小企业则不能。

对消费者而言，企业受到制约是一件好事，但是对大企业的竞争对手而言这并无益处。未来对数字行业的制约会越来越严格，其结果就是大公司愈加强大，最终无人可与之抗衡。

制约对新兴企业而言更是沉重的打击。比如，应对欧盟制定的《通用数据保护条例》（GDPR）需要企业耗费大量的成本，一般企业都不愿意积极应对。但是像脸书和谷歌这样拥有雄厚财力的大公司就不会在意花费重金。刚刚起步的新兴企业没有这份家底和实力，它们要承受巨大的负担，而它们的竞争力也会因此受到损害。

因此，单从竞争这个角度看，所谓的制约只会加剧垄断。以往的垄断会造成产品价格上涨，并由此给消费者带来损失。现在的垄断，因为网络效应，并不会直接损害消费者利益。甚至因为行业间竞相压价，消费者反而能得到不少实惠。如今，垄断引发的问题不在消费者层面，而在于竞争本身，在于因为制约而导致的竞争状态的不断恶化。

制约原本是为了保证相对的公平，其受益方主要是消费者。制约的本意是要促进良性竞争，如果因此损害竞争，未免有违本意。

确实有一些制约可以保证良好的竞争条件。比如在20世纪80年代，美国司法部为了增加行业竞争，根据反垄断法拆分了世界排名首位的电信公司美国电话电报公司（AT&T）。这一举措的确改善了当时电信业的竞争环境。

还有"携号转网"的政策，让消费者在换运营商后能依然使用旧的手机号。这也是一种促进竞争的方式。因为电话号码可以持续使用，所以大家在选择的时候就不再会犹豫，不会因为不想换号而勉强使用原有的电信运营商。这样的规定就可以催生新的竞争。

有的制约的确可以促进竞争。不过，至少在美国，垄断其实是对消费者有利的。当考虑竞争的危害时，人们必须切换一下思维，也就是要重新定义一下何为垄断。

尽管如此，美国司法部针对信息产业已经开始着手调查，主要针对脸书、谷歌和亚马逊等大公司，调查它们是否存在违反竞争法的行为。政府拿出反垄断法采取行动永远是马后炮，总是在局面完全形成后才开始出来约束公司行为。实际上，事到如今，已经没有出面干预的必要了。

现在的垄断只是暂时的现象。因为像 AR 这样的新技术也不会永远存续下去。如今的垄断现象是所谓的"自然寡头垄断"（指某些产品和服务由单个企业大规模生产经营比多个企业同时生产经营更有效率的现象），因此并不会持续很久。而且，美国政府通常都是在这种垄断达到巅峰时才突然开始对其进行关注，并加以制约。

一般来说，一个新的事物从兴起到将上一个占据统治地位的事物驱逐出历史舞台，例如下一个新兴事物完全取代手机，大约需要数十年的时间。微软和美国电话电报公司大约都用了几十年的时间。

美国司法部对竞争进行干预这件事，肯定不是做出决定后第二年就能完成的，差不多也要花费 10 年时间。但是 10 年后，当问题得以解决时，政府的制约已经看不出有什么效果了。因为政府当时想要制约的对象，早已经被逐出了历史舞台。

这就是我刚刚说的，制约的对象发生了变化，垄断本身发生了变化，很难再对其加以约束。加之变化速度极快，任何制约的效果都会大打折扣。

即使大型企业解体，也不会解决什么问题。就好像一些虚假新闻，即便被撤掉，也不可能不产生任何影响。问题的关键有时并不在于人们集中抱怨的部分，与其将大企业拆散，伤及其元气，不如找出更好的办法。

针对越大越强的"网络效应"，我们尚未找到可以很好应对的、有效的工具。这才是问题的关键。因为我们很难抑制一件事物向好的方向发展，这就如同拒绝进步、要求退步一样。

因此，我不得不说，如今人们普遍对"大"过于敏感，这是一个错误，一种误解。"大"本身是好的，有人却仅仅因为它们的规模过大就对它们产生抵触情绪。希望大家能理智对待，不要毫无理由地一味反大企业。

作为"未来的新石油"，大数据该如何货币化

未来会出现很多新兴的公司，它们占有数据并管理数据。虽然每个人都希望和自己有关的数据由自己管理，不能完全放心地交由他人，但是个人管理数据会花费很多时

间和精力，这时候最好的选择就是把数据交由代理公司管理。这就像找房产中介买房或租房一样，我们也完全可以将个人信息的管理事务全权交由代理人处理。

个人信息价值越高的人，越有必要找代理人。因为若非如此，即使你的信息很有价值，你也不可能从中获利。但是找到代理公司后，人们可以将个人数据交给公司，授权他们全程追踪我们每天的活动。购买这些数据和信息的人会支付给公司一笔费用。假设他们付费 5 美元，公司可以扣除 1 美元的管理费，然后将 4 美元交给委托人。

大数据的价值增长很快，这是有原因的。在未来 10 年中，光是训练 AI 就需要数以百万计的大数据。所以，大数据公司可能成为最大规模的 AI 公司绝非偶然，因为如果没有大数据，就没有发展 AI 的可能。

AI 的蓬勃发展最先影响到的领域就是金融业、医疗业及零售业，其原因也是因为在这些领域有海量的大数据，而这些数据制约 AI 发展。由此可见，大数据不仅对消费者和企业生产至关重要，对于发展 AI 也有无法取代的价值。

今时今日，网络上到处可见极其细致的个人信息保护条款。但实际上极少有人会认真阅读。之所以有找代理公司的必要，是因为消费者并不能完全理解这些条款和规则。就我本人而言，我也非常需要一个类似律师的代理人为我做具体的事情。

这样的专业人士可以被称为数据代理人，能在诸多重点中迅速发现最有利的条件。他们就像律师一样可以找到问题点，并极大地维护委托人的利益。

我们这些消费者原本就应该通过和他人共享信息获得利益，这一点至关重要。如今，这些利益都被 GAFA 等大公司收入囊中，当然，这也无可厚非。但是如果全部归它们所有就不太合理了。因此，我们必须想出行之有效的办法，让我们自己享受到利益。

此外，我同意对如何使用大数据进行规范管理，但是这件事情应该在最后阶段推进。因为在技术出现之时就对其进行约束是非常困难的事情。在一项技术刚被发明出来时，我们很难知道它会在哪个领域起到何种作用。只有经过日复一日的实践，我们才能判断它到底有什么价值。

因此，如果没有完全理解一项技术的作用，对于如何使用一项技术没有达成广泛的共识，我们就不应该急急忙忙地草拟一个规约，这样做极其危险。使用规约的前提就是要达成共识。如何使用一项技术才是最好的，在全社会达成共识后再制定规则的话会更好。

对于社交媒体，我们现在处于渐渐达成共识的阶段，我们还在探索社交媒体该如何运作，它对我们的生活有哪些影响，它会产生哪些数据。我们使用社交媒体也不足5000天，却想要将所有的负面因素都找出来并加以规范。事实上，社交媒体还处于发展过程中，而规则都应该在技术进入最后阶段时再制定。

平台将成为未来经济的关键

资本主义的未来，不会再像现在一样，主要由政府和公司构成。在未来，政府排在首位，其次是平台，然后才是公司。平台不断发展，不断壮大，最终形成未来的资本主义形态。近年来，平台的运营主要由 GAFA 以及腾讯、百度等大公司主导，但是人们渐渐认识到，平台是一个既不同于公司又有别于政府的事物，应该介于二者之间。

直到 20 世纪 80 年代，有三种组织形式，即公司、政府和非营利组织。非营利组织又被称为第三部门，因此我们可以将平台称为第四种形式。

平台虽然由公司运营，但是有政府的功能。它对所有人开放，可以提供各式各样的服务，还可以注册类似社会保障卡号一类的 ID（身份标识号）。从某些角度看，平台替代政府完成了一部分公共事务。

然而，归根结底，经营平台的是股东和公司。平台的这种复合形式，使其兼具政府和公司的特点。作为一种媒体，平台能够传播新闻，因此也发挥着被称为第四种权力的传媒企业的作用。此外，人们在平台上花费的时间越来越长，平台同时也具备了娱乐功能。

除此之外，平台还会经营类似电信企业的项目。平台还可以提供像 YouTube 那样的视频服务，以及谷歌这样的搜索服务。

由于谷歌能够回答的问题越来越全面，最近人们甚至都很少再去公共图书馆了。从这个意义上看，平台还拥有图书馆的功能。过去政府需要不断给图书馆拨款，如今谷歌大有取代图书馆的趋势。因此曾经由政府负担的知识检索功能，将逐渐变成平台的工作。

新形式的资本主义就是要在理解平台功用的基础上不断推进其发展壮大。运营平台的类似 GAFA 的世界知名企业和政府有很多相似之处，并且也拥有很大的权力，但是几乎不用承担和政府一样的责任。我们所有人也在试图不断理解它们的角色、它们和政府之间的关系。

这类新兴平台是否可以像政府一样起到维护公平的作用？我们尚不得而知。虽然不确定平台最终会变成什么形态，但是，资本主义的未来取决于平台的发展。

第三章
Chapter Three

3

所有的
产业都将因
科技重塑

食品的未来

人造肉改变未来的餐桌

我现在最关注的科技之一就是生物科技。前几天，我拜访了一家位于旧金山的生物科技孵化器公司IndieBio。这家公司孵化了很多生产人造肉的公司。它一年分两次，每次培育、协助15家初创企业。也就是说，仅此一家孵化器公司，每年就可以协助注册30家初创企业。

这其中有New Age Meats，还有Impossible Foods、Beyond Meat、Memphis Meats（后更名为UPSIDE Foods）

等产品很相近的公司。它们大都是采用植物成分，或者使用动物细胞，制作不涉及屠宰（deathless meat）的人造肉。

猪肉的培养肉从成分上看具备猪的细胞、脂肪和肌肉，但是并不是养猪后宰杀而得。这种肉不仅不需要剥夺动物的生命，而且还可以做成更加健康的肉，或者丰富口味，改善肉质，进行多种多样的改良。此外，人造肉不产生骨头，只生产肉，效率更高。人造肉的营养来源主要是大豆和玉米，其实和我们养猪时使用的饲料几乎一样。

这些科技早几年只会出现在科幻电影里，这么快我们就已经梦想成真。我相信人造肉产业会取得极大的发展，成为十分重要的产业。我本人已经有 15 年没有吃过猪肉和牛肉了，这下又可以有口福了。

我的饮食遵循"得克萨斯式素食主义"，即吃鱼肉和鸡肉，但不吃猪、牛、羊、马等哺乳类动物。我自己家里就养着鸡，需要的时候可以自己宰杀，杀鱼也不是难事。但是，猪是非常聪明的哺乳动物，我下不去手。不过，如果有个方法能让我不用宰杀动物也能吃上同样口感的肉，那我必然会很开心。有了人造肉，出于宗教原因而忌食猪肉的犹太教徒也可以吃肉了。

生物科技公司还会制作奶酪，比如既不含乳糖又没有胆固醇的马苏里拉奶酪，口感几乎可以乱真，只不过不是用牛奶制作的。有很多亚洲人因为乳糖不耐受无法享用奶酪，但是新科技可以制作味道相近却不含乳糖和胆固醇的奶酪。我预感人造奶酪也会有很大的发展。

生物科技的应用范围非常广。我去参观的企业里有类似酿造罐的装置，简直就像一个小型的酿造工厂。工厂采用的技术和酿造技术完全相同，因此装置也别无二致。相信这些企业都能有美好的未来。

由于生物科技的发展，我们可以品尝到前所未有的肉制品，可以生产营养价值更高的食品，可以体验更好的口感，甚至可以在食物上做到私人订制，提高食品的附加价值。

和数字科技一样，生物科技必然会进入提速发展阶段，食物的种类会越来越多，这也为人们提供了更多的选择。

生物科技吸引投资

仅在旧金山南部地区就有 200 多家生物科技企业。在硅谷等地，还有100家左右。旧金山湾区周边出现了巨大的初创企业生态圈。不光是食品行业出现了各种各样的生物科技企业，先是人造肉，之后又涌现出可降解的有机塑料、最新鱼类养殖方法、新型建筑材料、空气净化等。

近年之所以涌现出如此多的生物科技初创企业，主要是因为以下几点。

第一，生物工具和科技取得了极大的进步，不需要很雄厚的财力就可以进入这个领域。在此之前，转基因科技操作方法有限，耗时费力，想要进入生物科技领域需要投入巨额资金和时间。如今相关工具越来越多，而且也日渐普及。

第二，出现了很多孵化器。有创业计划的年轻人可以去寻找孵化器，获得资金方面的支援。以前要花费几百万美元的项目在短短四个月内就可以开始投入生产。实验用工具的价格下降，复制手法愈加多元。如今，他们使用啤酒酿造过程中所用的罐子和气压泵等装置，就可以生产出相关产品。同时，公司的很多业务都可以进行外包，不需要亲力亲为，参与每个阶段。这就是生物科技企业生态圈的优势所在。一个公司拿到某种材料，基因检测等工作可

以委托给其他公司。生态圈里还能找到为试生产及正式生
产提供帮助的公司。这个领域的竞争目前还没有进入白热
化阶段，仍然是一个广阔的全新领域。

第三，在数字科技公司过于饱和的今天，生物科技带
来的创新性会吸引更多的关注，让人们认识到这是一片尚
未开垦的、有很多商业机会的肥沃土地。相对而言，生物
科技领域的竞争还不算激烈，而且也没有出现同质化的
现象。

最后一点就是融资会更加简单。现在社会步入老龄化
阶段，人们为健康买单的意愿越来越强烈。因此，会有许
多人愿意为生物科技投资，相关公司会更容易获得资金保
证发展。

未来将是"新生物学的时代"

在第二章中，我提到未来将是新生物学的时代，实际
上，这个时代已经到来。我们处于一个可以通过生物学转
变命运的时代，我们自身也在不断地努力适应这种转变。

就像我刚刚提及的那样，和食物相关的畜牧业也正在发生改变。生物科技的发展趋势会和今天的计算机科技一样，得到充分普及。如今可以说全民皆可编程，生物科技也将走下殿堂，普通人都可以通过视频网站自学成才，每个人都可以发明出某个生物科技的工具。到那时，每个人都可以从生物学的角度重塑自己。我们的改变还会福泽子孙，例如发明出使人类远离疾病的基因治疗方法等。

2012 年，科学家发明出一种全新的基因编辑技术——CRISPR-Cas9。未来的一个世纪，将会有更多的新技术出现在我们的生活中。但是，到了那个时候，我们是否真的可以成为想要成为的任何样子呢？对这一点我深表怀疑。因为生物科技不可能完成所有的任务，我们还需要其他的技术辅助。当然，最重要的问题是，我们到底想要成为什么样子？

有时候，社会或许会默许某种大多数人并不能接受的形式。比如，我们是否可以以善的名义对儿童加以改造，相关的论战势必无法避免。毕竟，这是一个比是否应该允许堕胎更难以做出决断的问题。

"订制婴儿"很难被人们接受，但这肯定不是新时代唯一的难题，必然会有大量同样棘手的问题随着科技发展涌现出来。甚至我们提到的人造肉也可能产生新的问题。例如我们是否可以随意改变物种，我们究竟是应该分别制作出猪肉和牛肉后将其混合，还是制作出兼具两者基因的人造肉？我们是否可以改良出"无腿鸡"，只让它蹲坐在鸡舍里？在未来的100年间，还会出现无数这样无解的问题。

农场会变成 AI 和机器人活跃的场所

关于农业和科技相结合的农业科技，我也想简单说一下我的看法。通常来说，农业这个古老的领域受科技的影响并不如其他领域明显，我现在认为未来对农业影响最大的应该是 AI 和机器人。

这几年出现了名为"精密农业"的新型农业。例如在拖拉机上搭载 AI 技术，在长臂上装上摄像头，帮助农民管理生菜或玉米地。拖拉机在菜地内往返，这些摄像头可以同时监控 25 英亩^①的菜地。而且，因为安装了 GPS（全球定位系统），我们还可以获得精确的位置坐标。摄像头可以观测附近作物的情况，评估其健康程度，并依据这些信息提供必要的水、肥料以及杀虫剂。这种监控和管理可以精确到植株，控制每棵庄稼或蔬菜的水肥量，因此能够避免浪费。从古至今，农民都希望能够做到按需浇水施肥，只是从来没有一种技术可以帮助他们实现这个想法。

"精密农业"的卓越之处在于可以同时管理数百万的作物，并且精准到每个植株。古老的农业在 AI 和机器人的帮助下焕发生机。通过"精密农业"，农民可以将肥料和资源的浪费控制到最小，而作物的整体状态可以保持到最佳。新技术彻底改变了农耕方式。这项技术在现实中已经开始得到应用。

而到了收获的环节，机器人就要发挥作用了。采摘草莓之类的工作非常辛苦，如果想要大面积、大规模采摘，机器人就是很好的选择。我们现在已经开发出自动驾驶拖拉机，可以利用 GPS 使其完成自动驾驶。未来我们还会

---

① 1 英亩 = 4046.86 平方米。——编者注

发明出新型机器人，可以在大型农场里完成收割、采摘、播种等工作。

新科技势必引发食品价格的下降。在这里我想和大家稍微提一下阿米什人。根据 2019 年的统计，阿米什人的人口大约有 34 万人。他们主要是德裔移民。阿米什人拒绝现代技术，崇尚简朴生活。尽管如此，他们也在使用挤奶机。我曾经问过阿米什人，假如有机器人可以帮助他们挤奶，他们愿意使用吗？答案居然是肯定的。他们的解释是，如果一项现代科技可以让生活变得更轻松，让他们有更多的时间陪伴家人，那么这就是一项好的科技，可以被阿米什人社会接纳。我们身处的现实社会过于追求效率和生产能力，而阿米什人对科技与生活关系的解释，才是科技之所以存在的最本真的原因。关于这一点，在后文中我会继续展开。

交通的未来

.

2040 年后自动驾驶将成为主流

　　硅谷在未来势必会引领自动驾驶汽车的新潮流。虽然我们已经研发出自动驾驶技术，但需要完全实现自动驾驶至少还需要 10 年的时间。这个周期会比我们想象得更久，而且会分阶段完成。例如，先在高速公路上设置专用车道，或者从长途货运卡车开始应用自动驾驶技术，还可以在停车场使用自动泊车功能。再进一步，就是在马路上设置自动驾驶专用车道，然后逐步推广。

不过，在全面普及自动驾驶汽车之前，我们还需要先完成一些极其重要的事情。当驾驶完成从有人到无人的改变时，基础设施也需要同步改变。无论是道路标识还是交通信号灯，都要重新调整为适应自动驾驶的模式。我们现有的交通设施从驾驶员的角度出发，已经发展到了非常合理的水平，但是并不适用于自动驾驶。

在起步阶段，我们不得不允许两种模式同时存在。其实，相比于全面改换为单一的自动驾驶模式，同时保持两种模式更加困难。不仅汽车需要改变，迄今为止我们所有的标识、习惯、车辆与行人的共存模式都要发生很多变化，这个过程至少要花费几十年。

当驾驶员被区分为人类和机器人时，两者在优势上就会存在一种此消彼长的倾向，也就容易发生抢夺优势地位的问题。因此，我们必须要在保证自动驾驶技术得到运用的同时，解决好各种相关的复杂问题。在诸如波士顿这种司机驾驶习惯很差的城市，想要让自动驾驶汽车占比更高恐怕需要花费至少 25 年的时间。

刚才我已经说过，自动驾驶技术普及的最大障碍就是两种驾驶员群体共同存在这一事实。我们不能满足于

99% 的安全性，必须追求 99.9999% 的精准。安全性达到 98% 不是一件困难的事情，但是越往后越困难，想要完成最后不足 2% 的突破可以说是举步维艰。

大路修整之后，所有背街小巷也要整改。最后的部分难度最大、耗时最久。而且，我们要预测自动驾驶汽车也会发生拥堵在一起、进退不得的情况。我们需要对此做好充分的预案。因为当交通堵塞时，人类驾驶员也会找不到腾挪的办法，也会心情烦躁，甚至怒不可遏。人类尚且无法应对此类突发现象，机器人又该如何呢？如何在类似的情况下确保车辆和乘客的安全，如何最大限度地做到万无一失，都是我们必须提前考虑的难题。

智慧城市会实现吗？

如今，迪拜正在推行一项名为"智慧城市"（smart city）的计划，"智慧"（smart）主要体现在两点——自动驾驶和全电气化。迪拜目前走在世界的前列，不过这将是全世界城市发展不可逆的大趋势。重点在于推进的方式以及进行优化的具体对策。

实际上，近来被冠以"smart"一词的概念俯拾皆是。智慧住宅、智能手表，还有刚刚提到的智慧城市。我认为与 smart 相比，也许更贴切的词是 hackable（可操控的）。

每一个冠以 smart 的新概念都可以替换成 hackable。以智慧城市为例，如果表述为可操控城市（hackable city），我们就会立即联想到遍布大街小巷的监控摄像头和个人信息监管制度（这样的制度耗费社会资源，是时候叫停了）。由此可见，表述方式稍作转换，我们就会更容易发现新技术的普及应用有哪些问题，并会对此进行反思。

智慧城市从理论上看非常棒，但是我们也要清醒地认识到，这将是一个被完全监控和操控的城市。不仅是机动车，城市里的一切数据都会被监控。在城市的任何一个角落，所有一切都在监控之中。我想不会有人喜欢生活在这样的城市中。

如果是 10 年前，这可能还不是什么大问题。但是随着社会的发展，反对的声音越来越多。在技术层面，我们完全可以实现智慧城市，但数据被监控就是我们要付出的代价。

顺便说一下，我提到的镜像世界是利用 AR 进行数据监控的世界，基本可以视为虚拟的智慧城市。也许并不是所有人都能够完全接受。因为公众会介意将自己的相关信息和数据都交由政府或谷歌保管。

和政府相比，美国人更愿意相信企业。在未来，社会基本建设、社会伦理、风俗习惯方面的问题比技术更加重要。智慧住宅也是一样，人们都不喜欢自己的行动受到监控。近来亚马逊推出的 Alexa 智能音箱，可以随时捕捉到住宅中的声音，这引起了人们的反感。

我们的信息和数据都会被共享、被追踪，关于这一点，人们需要进行认真的对话和思考。目前来看，人们还没有达成共识。但有一点可以肯定，如果仅仅是技术层面的问题，解决起来应该会比较迅速。相对而言，如何做到在获得利润的同时避免引发的不良社会影响，可能会耗费大量的时间和金钱。

有人会说，我们应该拆掉所有摄像头，也不需要开发什么智慧城市或智慧住宅。但现实情况是，我们身边的摄像头越来越多，我们的行为数据常常被监控。现在需要一种更好的技术从根本上解决这些问题。

谷歌现在开发出联邦学习和差分隐私等技术。这样就不再需要收集使用智能手机、智能眼镜等产品的单个用户的信息，而是用 AI 把结果收集起来。通过 AI 的处理后，谷歌收集的仅仅是结果，这种技术可以减少人们对个人隐私泄露的担忧。这就是我刚刚提到的更好的技术，在所有与 smart 前缀相关的概念上，我们不需要走回头路，也不需要停下脚步，我们需要的只是更好的技术。

智慧公司实验

谷歌的园区占地面积很大，这样的地方正适合做智慧城市的实验测试。园区内不仅有道路和建筑，还有大量的员工，可以对他们进行合法的实验测试。这类模式很有实践意义。员工对于测试一事必须知情，公司可以对员工的时间安排、外出路线等进行合理合法的监控。只是员工虽然知情，却未必情愿。

对大多数员工而言，从早到晚处在摄像头下终究不是一件愉快的事情。在生产车间安装摄像头以保证工人的工作效率还勉强可以接受，但是对所有员工在园区内的一切活动进行监控就很容易招来反感。

因此，公司需要有足够正当的理由才能实现这一测试。从某种意义上看，这个测试首先是对公司与员工关系的一个测试。如果操作不当，很可能出现员工愤而辞职的情况。

《连线》（Wired）杂志的前主编加里·沃尔夫是我的好友，我和他一起创建了一个社区，叫"量化自我"（Quantified Self）。我们曾经在社区内部及谷歌等公司进行过实验，以调查程序如何帮我们提高工作效率。当时，员工们对我们的这项测试并不是非常支持，甚至导致我们不得不减少取样对象。由此看来，想要进行智慧城市的测试，也离不开居民和社区的大力支持。要实现这一点，也需要一段时间。

此外，要实现智慧城市，还需要制定新的法律法规。比如，在美国，人们对人脸识别技术就存在争议。

我之前到过中国，发现很多公司的员工都不再使用门禁卡，取而代之的是人脸识别装置。去野生动物园的时候，也是人脸识别验票。在中国，人脸识别已经成为最重要的通行手段之一。

但是很多美国人对人脸识别非常抵触。脸书开发的人脸识别系统当被运用于警察搜捕罪犯时，遭到了很多非议。这也是科技发展水平和人们接受程度存在差距的一个典型例子。

想要大众接受新技术需要时间，人们如果可以得到切实的好处，接受起来就会更加容易。在此之前，对话和交流非常重要。同时，法律应该明确规定哪些信息是可以使用的，哪些是禁止使用的。不过想要做好合理的区分也需要时间，因此制定法律通常应该在技术发展的成熟阶段进行。

在中国，人脸识别技术被应用于抓捕罪犯的行动中，这给老百姓带来了切实的好处。人们为了自身安全，可以在信息采集方面做出相应的让步，而且这是一种全社会范围内的共识。事实上，很多时候即使是法律也未必能规范所有人的行为，大家还是会各行其是。关于这一点的争论至少还要持续 10 年。

创造飞行器的未来

我的女婿研制了飞行汽车的原型车。车的驾驶室四周有八个螺旋桨，可以改变角度，垂直旋转。虽然比不上飞机的速度，但是肯定是能够飞行的。从外形上看，飞行汽车就是装了螺旋桨的无人机，它还安装了帮助着陆后滑行的小型机翼。这款车已经正式作为"飞行汽车"（flying car）开始由他们公司发售。

但是，现阶段飞行汽车的飞行距离和使用场景还非常受限制。同时，因为有航空管制规约，很多地方都是禁飞区。目前购买这种车的人大都是为了在牧场等大片私有土地上移动。而且，由于价格昂贵，这种车的产量也很低。这让我想到了手机问世之初的情形。当时的机型很大，价格也不是一般人可以负担的。但是后来手机价格不断下降，终于变成人人都能拥有的通信工具。

有些人乐观地认为未来将是飞行汽车满天飞的时代，我对此表示怀疑。首先需要关注的就是噪声问题。如果汽车满天飞，那么谁也别想安生过日子。更不要说飞行汽车着陆时还需要滑行一段距离，这也是相当危险的。因此，在短时间内飞行汽车不太可能成为人们上下班的代步工具，至少在 30 年内，它只会用于比较特殊的情况。

其次，飞行汽车的飞行高度也很难限定。从技术上说，飞行汽车可以飞到任意高度。但是从实际情况上看，超过某个高度就会受到航空管制条例的制约。因为在更高的区域，还有民航机等其他飞机的航道，因此飞行汽车不可能超过这个高度。同时，由于噪声问题，飞行汽车又不能在民房上空低空飞行。

因此，飞行汽车必然只能在特殊情况、特殊场景中使用。例如，用于医疗急救，或者用于高速搬运货物，同时划定配套的起降地点。飞行汽车无法在普通公路上着陆，最初只能在特定的场景中使用，比如大型牧场或工厂等地。

在未来一段时间内，飞行汽车主要还是会应用于公共事业，或由企业使用，除了极少数的富豪，一般人很难将其作为私人交通工具。开发研制飞行汽车的公司还在尝试将其作为未来世界的出租车，开辟一些固定路线，将乘客从一个城市送往另一个城市，而且基本采用自动驾驶模式。如果你想要乘坐飞行汽车，那么你可能并不需要拥有它，完全可以通过租借的形式圆梦。

无人机前景广阔

与飞行汽车不同，小型无人机已经开始被应用于生活中了。亚马逊也在考虑使用无人机完成配送。无人机送货是否可以完全替代人工，这一点还不能判断，但是今后无人机势必会在更广泛的领域里为我们的生活提供便利。

卢旺达已经开始使用无人机配送药物。因为在卢旺达道路建设还很落后，很多地区甚至没有路。为了将药物和其他重要物资快速稳妥地送达指定地点，人们启用了无人机，而且效果很好。在我们这些基础建设做得很到位的国家，日常生活中可能并没有使用无人机的必要。

再过25年或30年，商业飞机很可能也要改为自动驾驶。一架没有飞行员的飞机，从某种意义上说岂非就是无人机的延伸？我们将看到在货物运输领域出现无人机。不仅如此，搭载乘客的无人机也会出现在未来的天空中。客机最大的成本就是飞行员等机组成员的人工费。其实现在的商业客机已经采用AI技术进行自动驾驶，同时有飞行员保驾护航，只是为了预防发生意外情况。飞机起降也都由自动驾驶系统完成，基本可以实现全程无人。

这样一来，是不是可以认为安装了自动驾驶系统的飞机就不再需要飞行员，同样搭载AI的货车也就不再需要司机了呢？暂时还不用担心驾驶员全体失业，因为长途飞行或运输还是需要有飞行员或驾驶员搭乘。

举例来说，当长途货运车进入波士顿这样交通状况复杂的大城市时，司机就显得非常重要了。在其他时间段，司机可以待在开着空调的车内，做一些自己想做的工作，甚至是做做编程。未来驾驶员可能就是一种兼职工作。驾驶员在不需要人工驾驶的时候可以做其他事情，有需要时就像急诊医生一样随叫随到即可。

我们要好好计划一下，未来在不需要自己驾驶汽车后，车上的时间应该怎么利用起来。我们可以戴上智能头盔在虚拟的世界里尽情遨游，或是戴上智能眼镜看看别处的风景。总之，车内的时间都可以交给 VR 和 AR，让科技带给我们更多的乐趣。我猜想未来车内的通信环境会比家中还要好。届时到处都有 5G 网络覆盖，机器人驾驶时会使用最大的带宽。

财富的未来

银行功能虚拟化

接下来，我想和大家谈一谈财富的话题。现在越来越没有必要去线下办理银行业务了，网上银行越来越普及。从前银行的很多业务也都被剥离出来了，例如贷款、换汇、抵押等。现在新出现的网上银行大多只经营其中一项业务，而不是铺开做所有。人们越来越不需要亲自跑去线下银行完成这些业务了。

于是，实体银行会渐渐被亚马逊这样的公司取而代之。我们对亚马逊的认识，最开始就是网上的虚拟店铺。如今，银行也将成为其业务的一部分，银行的功能也将逐渐虚拟化。

银行的窗口业务已经不再必需，因为有形货币的使用场景越来越少。比如在中国和瑞典等国，人们已经几乎可以不使用现金。大家不再需要排队交款，支付环节格外迅捷。

在亚马逊实体店铺里，顾客可以选好商品后直接离开，所有支付都可以自动完成。支持这个系统运转的也包括脸部识别技术，我个人对此持赞同意见。毕竟信用卡还会存在被盗刷的风险，新技术在安全方面应该是更有保障的。

当然，货币的功用不仅是支付，它还有很多其他功能，它可以储蓄起来产生利息，可以用于贷款、投资，或者兑换其他货币，甚至还有比特币这样的虚拟货币。我们为了让钱生钱，发明出各种各样的方法。如今我们已经进入了以其他形式继续推进钱生钱的变革期。

贷款是比较容易完成的业务。中国出现了 P2P 借贷形式，即个人对个人、点对点网络借款。可惜后来出现了一些管理上的漏洞，引发了一系列社会问题。但是不可否认的是，个人只要拥有财富，就可以通过这种形式将财富借贷给其他个体。只要能控制风险，P2P应该是一个非常可行的金融形式。

维基百科就是P2P百科辞典的形式，在创始之初，几乎没人看好它的前景，但事实证明维基百科取得了巨大的成功。因此，在金融领域，P2P的模式也一定会有光明的未来。这个模式最大的风险在于人。为了防止恶意侵犯他人利益的事情发生，我们应该配套使用区块链等技术，以保证P2P的安全性和可信度。

假如我借给你100美元，那么在你的账户上就会出现利息的标志并体现利率，我只需要签字授权即可。这个过程和实际上去银行贷款的行为有同等效力。金融科技目前还处在发展的初级阶段，但是如果每个分支都能继续发展，那么未来就可以基本取代银行。

出现实名制"国家数字货币"

区块链原本和货币无关，属于数学的范畴，后来被拿来管理分布式账户。过去，所有的交易都会记录在收支总账上，由诚实可信的人进行统一管理。如果分类账簿被分散到各处，我们要如何确保它的可信度？

区块链可以被看作是用于管理分布式账本的发明。每个人都可以共享账本，可以随时随地记录，这就使得所有的交易可以以数学的形式联系起来。只要大家对之前的交易没有异议，只需要不断追加即可。分布式账本的技术大大降低了信任成本，没有人能试图隐瞒以前的交易细节。所有新的交易区块会和之前的交易形成链条，这就是所谓的区块链。

区块链是一项伟大的发明，但是它同时又是那么不引人注意。这就好像是卫生间的上下水管道。尽管卫生间给人们的生活带来了极大便利，但是并没有人会关注上下水管道。几乎所有的区块链都是看不到的，是隐藏在背景之中的。区块链和我们日常办公所用的电子表格一样，是工作中不可或缺的重要工具。但是一旦掌握，我们就不会意识到它们的存在。区块链极其重要，但只是在幕后默默为交易保驾护航。

如今，对区块链唯一的大规模实际运用就是比特币。

但是因为比特币自身存在很多问题，所以很难将其称为区块链的最佳应用案例。

近来，区块链的应用也出现了一些新的方向。比如当我们创造出分布式网络或镜像世界时，在这些世界内搭建数字房间等，区块链可以保证其真实可信。区块链可以用来证明和保证镜像世界的一切的真实性。

此外，为了保证无线网络的带宽，我们也会使用区块链。比如，我们如果想覆盖某个区域，就可以增加节点。使用区块链，可以确保在该区域使用 Wi-Fi 时的带宽，并可以进行支付。这也是一项确保分布式信任的重要应用。

因此，区块链在货币上的应用不过是它诸多实际应用中的一种。但目前我还没有看出数字货币比现行货币更有优势的地方。它有限、稀少、操作过程花费巨大，简直就是数字黄金，比现行货币更容易成为投机的对象。

从理论上讲，数字货币在通行货币不稳定的世界里应该可以成为极其稳定的资产，但是在实际生活中这一点还没能得到证明。看来，还需要时间来证明一切。

数字资产最初吸引人们的是所有交易都可以匿名进行。但真实情况并非如此。因为账本是公开透明的，所有交易都有记录可查。通过逆向技术，人们还可对其进行拆解和追踪，不仅可以追溯账户，还可以查看所有账户的交易历史，甚至可以要求公开个人的真实姓名。

基于这些原因，中国等国家开始推行独有的数字货币，比如中国就在尝试推广由国家发行的数字人民币，巴西、萨尔瓦多等国已经将数字货币推行为法定流通货币。这种国家发行的数字货币要求实名制，以实现所有交易全部公开透明。和"暗网"常用的比特币不同，我们可以创造出完全公开的数字资产，所有人都需要公开姓名，所有的交易记录都需要实行实名制。不过这种做法虽然可以避免犯罪行为，但又变成了对使用者的全面监控。

区块链还可以运用在数字化证券令牌和房地产共享信息方面，呈现出万事万物皆可通过区块链实现商业化的发展动向。我对一些尚未被商品化的领域很感兴趣，比如睡眠。是否有一种方法可以买卖睡眠呢？

其实，最重要的就是我们一定要有选择权。任凭有再多的事物实现商品化，依然会有一些例外存在。以图书为例，虽然书籍早就成为买卖的对象，但依然会有图书馆这样的地方提供免费阅读的机会。存在选择本身就是一件好事。

提起商品化，甚至我的书架都可以转化为商品。我想起前几天有个学生来找我，和我讨论是否能够将自己的人生转化为商品。他提出可以卖自己的证书，出售未来的收入。如果有人愿意为他投资十万或百万美元，他可以将自己未来的收入按一定比例卖给对方。这是一个很有趣的想法。投资人的收益完全取决于这个学生未来的收入，如果这位同学能成为比尔·盖茨一样的人物，那会是多么大的一个惊喜啊。

NFT 改变"物品的价值"

2021 年 3 月，推特的创始人杰克·多尔西拍卖了自己的第一条推特，最终卖出了 290 万美元的天价。这条推特是在被做成 NFT 后进行拍卖的。所谓 NFT，是 Non-Fungible Token（非同质化通证）的缩写，通过运用区块链技术，NFT 可以作为数字作品的签名使用。如今使用数字技术的作品可以不断被复制，因此没有太高价值。但是如果有签名，其稀缺性和价值就可以得到保证。

不过，只有拥有可以不断升值的作品的人才会感受到 NFT 的魅力。我也请教过很多艺术家，如果作品未来不能升值，而且很可能贬值，他们是否还会对 NFT 有兴趣。

众所周知，在我们生活的这个世界里，绝大多数物品都会因为转手而贬值。无论是出售 iPhone 还是车子，或者是转卖自己的书籍和音乐专辑，至少 98% 的物品都卖不出原价。但是，尽管知道大多数产品最终都会贬值，人们依然会对新出的 iPhone 趋之若鹜。那么，大家是怎么看待 NFT 的呢？毕竟 NFT 承载了许多人期盼升值的愿望。

NFT 基本只限于价值极高的、能保值的事物。不过，当艺术家的作品被拍卖或与其他作品放在一起被评估时，NFT 可以用于查询作品以往的买卖记录和评价。

假如有 20 个人参与同一个项目，并且他们并不隶属于同一公司，那么可以使用 NFT 的相关技术来确保项目所得得到公平的分配。假以时日，人们还会为 NFT 找到其他的用武之地。

能源的未来

依靠电力实现低碳生活

我曾经采访过研究全球变暖、可持续发展技术、能源问题的专家，就现在美国的能源消费请教了他的观点。他说美国政府一直在监查全国的能源系统和消费情况，并致力于减少碳排放，取代天然气和煤炭等资源，更多地使用风力、太阳能和核能发电，让汽车、暖气、采暖热泵、电动机、无人机等均以电力作为能源。如果这些领域全部实现电气化，那么即便使用同样多的能源，我们的实际消耗也不到现在的一半。

　　例如，石油运输需要大型油轮和输油管道，也就是说，我们需要花费大量的能源来输送能源。但是电力就不需要这么多过程，它是一种高效且低价的能源。汽车的电发动机会比汽油发动机更高效，采暖热泵也会比暖炉更高效。如果所有的能源均转换为电力，我们就可以在保证现有生活模式不改变的前提下减少一半的能源消费量。

　　我的一位合作者索尔·格里菲斯著有《电气化》（Electrify）这本书，我还为这本书写过推荐文章。这本书的主旨是所有的能源都应该由电能取代，只要实现全面电气化就可以防止全球变暖。他呼吁利用太阳能、风能、水能和核能发电，无论是家里的空调，还是包含飞机在内的交通工具，维护现有文明的一切事物，都应该实现全面电气化。只要做到这一点，就可以在很大程度上解决环境问题。

　　我最近在女儿家附近建房子，那个地方可以说一年到头离不开暖气。目前大家都在使用天然气采暖，我在考虑将它换成热泵。热泵主要用在冰箱上，因为它可以双向传递热量，所以既能取暖又可降温，既可以制热又可以制冷。热泵不需要使用燃料，通过电机或线圈即可实现热量转移。

现阶段热泵还不是很普及，价格也有点儿昂贵，但它其实是非常高效的产品。因为它不需要使用燃料，所以也不会排出二氧化碳。我家其实一直都在使用太阳能发电装置，也基本可以满足家庭用电需求。现在再加上热泵，家里基本实现绿色能源了。

未来五年是电动汽车的黄金期

电动汽车是相当优秀的新产品，普及也很快，大有取代传统汽车的势头。目前充电站的数量还有些少，但也在不断增加。再过五年，估计大部分新上市的汽车就都是电动汽车了。

福特汽车公司生产的卡车数量比普通轿车多，其中最有名的要数 F-150 这款卡车。就在不久前，福特公司宣布将生产这款车的电动版。

如果电动汽车越来越普及，那么还有谁会去加油站呢？在油价上涨的今天，普通家庭动辄就要在加油站消费数百美元。电动汽车普及后，充电站和家庭电力系统等都会发生相应的改变。

我有一辆小型的电动汽车，但这是我迄今为止开过的最好开的车，它性能良好，加速快，驾乘体验好。这辆车很便宜，而且我这几年在汽油上面也省下不少。

我相信低碳减排会成为主流。尽管汽油价格可能降低，尽管风力发电、太阳能发电和核电技术还不够成熟，但是我相信这些技术终将成为解决环境问题的重要手段。

教育的未来

教育因 AR 和 VR 产生巨变

我一直认为视频网站非常适合进行教学活动。不过，这种形式还属于比较初级的阶段，如果 AR 眼镜等智能装备得到普及，视频网站就能实现和在教室中一样的教学效果。

此外，视频搭配 AR 和 VR，能够形成强有力的学习媒介组合。一个人想学习操作时，只要看视频模仿别人的动作即可；想要学习化学的时候，自己就可以制作分子模型，可以在模型里面走走看看，也可以把模型拎起来转一转。即使不是自己动手，所有的实验也都可以近在眼前。这才是最强大的学习媒介啊！等到了人人都拥有智能眼镜的时候，每个人都可以把自己的知识分享出去，打造在线课程。这样的形式也会激发人们的学习热情和学习兴趣，更容易坚持下去。

由谷歌的彼得·诺维格和斯坦福大学的塞巴斯蒂安·史朗等知名研究者主持的在线 AI 讲座，吸引了全球10 万以上的学习者，受到众多人的关注。如果使用自动翻译功能，那么语言也不再是障碍，使用任何语言的学习者都可以轻松参与。在此基础上，如果再使用 AR 或 VR 技术，我们就可以模拟实际情景，拥有实际的体验。这样的组合将会成为强有力的教育工具，甚至可以承担大学的普通教学任务。

在美国，AR 正被用于减少种族歧视。因为通过 AR，我们可以改变外貌。你可以变成黑种人，我也可以变成日本人，完全不受限制。如果变成另外的样子，你就能切实感受别人对你的反应，这样更容易和其他种族和其他国籍的人产生同理心。

很多公司都将运用 AR 的这一功能进行员工培训。如果在新员工的入职培训中也加入这个环节，就会产生一个巨大的教育市场。在培训中，公司可能还需要购买配套的微软开发的智能眼镜（Hololens 2），这又是一个市场。在美国，员工培训是个大问题。我妻子之前工作的企业要求员工每周至少完成四个小时的培训，涉及内容也很广泛，包括如何防止性别歧视、安全培训和法律培训等。如果使用 VR 和智能眼镜，那么研修培训就不仅仅是旁观了，而是可以切身体验，这样能够加快培训进度，同时取得更好的效果。

大学不会消失

尽管我刚刚强调了在线教育的优势，也提到了这个领域蕴含的无限可能，但是对年轻人来说，学习不是唯一的重点。他们需要在学习的同时开阔眼界，这也具有重要的社会意义。即便未来可以戴着智能眼镜上课，孩子们也需要进入校园，和伙伴们共度时光。因此，也许未来大学的数量不会继续增加，但是也绝不会就此消失。世界上各个角落的人都可以参与线上课程，学生们甚至可以坐在大学教室里参与在线课程，然后和身边的同学进行讨论，以增强学习效果。

不仅是大学，高中也可以引入这样的形式，成立项目让学生一起学习。比如高中生现在都很喜欢的机器人竞赛，高中可以每年设定新的目标，和其他学校的项目组竞技切磋。

这个形式尤其适合物理、计算机科学和设计等领域，学生可以共同参与，亲自动手完成项目。事实证明，这种学习方式的效果明显好于传统教学。只有自己动手组装过一次发动机，你才能明白这有多么困难。在克服困难的过程中，学生会主动去探索组装的原理，努力研究涉及的公式，并且会充满干劲儿。

总而言之，未来教育的形式会发生三个变化：第一，充分利用视频平台，平台用户既是教授者也是学习者。第二，使用 AR 或 VR 技术，在进入虚拟世界的同时，增加空间要素，保持运动感觉，激活大脑，实现安静读书无法达到的效果。由于体验活动可以刺激到深层大脑，因此学习效率会更高。第三，出现以项目为主导的学习形式，以小组合作的形式完成某个任务。这也是非常好的学习方法。这既可以在大学校园内进行，也可以在虚拟世界中进行。

机器翻译改变世界

AI 自动翻译技术如果能达到同声传译的水平，世界会发生什么变化呢？首先，商务活动和旅游活动都会发生极大的变革。人们无须学习英语，苦练对话，只要戴上耳机就可以在美国旅行，而且无论在哪里都能做到和当地人无障碍交流。这样一来，每个人都可以轻松接受更多的挑战。设想一下，一个只会日语的人，也能没有顾虑地前往只说俄语的地方，这将是一件多么令人欣喜的事情。

如果在任何地方都可以使用即时翻译装置，旅行者的足迹将会遍布世界。这件事情的意义非同寻常，人们可以走出自己的文化圈，去接触和拥抱不同的文化。

我一直认为政府有必要鼓励年轻人出门旅行，甚至应该为此设立援助资金和机构，甚至要求每个国民都完成为期两年的旅行任务也不为过。无论男女，也无论是否身体上有残疾，人人都应该在高中毕业后，在18岁之后的两年里拿出专门的时间去旅行。服兵役、做医疗援助、从事教育工作，甚至前往海外参加维和运动等，都是很好的选择。如果政府可以拿出专款进行资助，那么这将是一件使所有人受益的事情。美国人会因此结交海外友人，并且学会了解和接受不一样的价值观。

一个人无论多大年纪，都可以通过旅行丰富自己，这时我们迫切需要的就是一个语音翻译装置。它可以让人们展开超越国界和种族的交流，同时也可以帮人们在世界范围内寻找工作的机会。例如，一个不太会使用英语的印度尼西亚的优秀程序员也可以自由选择工作的国家。如果每个人在耳朵上都配有自动翻译机，语言就不再是找工作时必须考虑的因素。

由于自动翻译机的出现，世界上优秀的人才会聚集起来，对世界经济的发展也能起到推动作用。硅谷一直渴求优秀的人才，我女儿所在的公司位于旧金山，为了吸引人才甚至会奖励介绍人才来公司就职的员工一万美元。

因为公司之间为了争夺人才的竞争极其激烈，所以招兵买马并不是一件易事。程序员、精算师、对于某一特定领域极其精通的法律顾问、知识产权律师等，都是公司急需的人才。如果将人才市场扩大到全球，那么不会说英语的人也可以通过远程办公完成工作。那该有多棒呀！

自动翻译机可以解决与人沟通交流的问题，VR可以让每个人在工作时都身处同一个环境，与以往相比，人与人之间的合作能够更加深入，协作感和共情能力也会更强。

人类的文明不就是这样一点点发展到今天的吗？从早期的人类社会开始，人们学会了合作和交流。在狩猎采集社会，人们形成了部落，并逐步发展为农耕社会。这之后诞生了城市，在协作与互助的基础上，科学和知识得到了发展。新的科技将会进一步增强人们的共情能力，也会让沟通更为有效。人类通过不断的发展和前进，终将成为更好的自己。

第四章

Chapter Four

4

亚洲的
时代与科技
地缘政治

亚洲的时代即将到来

中国和印度成为左右世界发展的两大力量

在第二章里，我将这个时代称为"AI 的时代"、"沉浸式计算的时代"和"新生物学的时代"，现在我要再加一句——"亚洲的时代"。

经历过较长贫困时期的亚洲国家逐渐形成了自己的中产阶级，他们趋于成熟，其中已经出现了相当富裕的群体。有些人在我初次造访时还住着窝棚，再见面时就已经坐拥大宅了。

因为我经常在亚洲各国旅行，有很多亲身体验，所以对亚洲的未来持有十分乐观的看法。我最早去的亚洲地区是中国的香港和台湾，那还是在 1972 年。同年，我也去了日本和韩国，见证了这些国家和地区从无到有创造财富的过程。中国和印度也是我从很早就开始定期前往的国家，我在这两个国家度过了很多时间，一直关注这两个拥有十数亿人口的国家的变化。

实话实说，当我看到这样的亚洲世界后，心里产生了一丝不安。因为我非常担心美国现在的做法会没有出路。美国可以算是世界上的一个特殊存在，它是超级大国，还不断充当世界警察的角色，这一切就是特朗普能够当选总统的原因。美国人完全没有意识到亚洲崛起是既成事实，美国遥遥领先世界各国的时代一去不复返了，他们在情感上对此十分抵触。

我观察了中国、印度、韩国、越南等国，这些国家还在继续发展变化。虽然它们可能要到下一代人才能完成全面的现代化进程，但是在很多方面，已经比欧美等国业已实现的现代化要领先很多。我之所以定期前往中国和印度，原因之一也是想亲眼见证它们的每一步发展。

中国和印度的人口加在一起有 28 亿之多，仅这两个国家就占到世界人口的 1/3 以上，大约是美国人口的 10 倍。单从人口数字上看，中国和印度对世界的影响力就已经超过了美国。它们如何对待能源问题、公害问题、二氧化碳排放、全球变暖和气候异常，都会在世界范围内产生影响，而且其影响力注定要超过美国。

和个人主义相比，东亚文化更注重社会契约

在这里，请允许我多说几句自己和亚洲的渊源。大学一年级的时候，我办理了休学，跑到亚洲去做摄影师。但我并不是为了找份工作，或者挣一笔钱，我有自己的目标。在亚洲的日子里，我每天都很充实，前往各地拍摄当地节庆活动和乡土风情。

虽然我有正式的工作，但是几乎没有什么收入。我并不是游手好闲，躲在阴凉里游泳享乐，我每天只是不断地外出采风取景。即使到今天，我虽然会因为一些原因前往亚洲，但还会拿出一两天的时间专心摄影。

经过多年的观察，我发现亚洲各国在一个问题上整齐划一地和欧美存在巨大差别，那就是对待隐私的态度。在美国，公和私的界限非常明确，但是在亚洲，特别是在东亚各国，这一点比较模糊。比如外人可以不经允许进入你家的前院，而你还不能把他轰出去。

此外，在工作的时候，大家都会开着大门，里面做什么都能看得一清二楚。生活中大家也习惯敞着门，来来往往的人都能看到你是在家里做饭还是干其他活儿，大家对这种生活方式都习以为常。

这对我这种外来人员真是一个福利。我在农村摄影时，经常会被人邀请到家里做客。也不用敲门，也不用取得摄影许可，就这么进到小院里过上一天的悠闲时光。

如果说文化层面还有哪些不同，那就是亚洲文化中个人与社会的关系了。特别是在东亚文化中，相比个人主义，人们更看重社会契约。当身处其中时，我就能感觉到这一点的必要性。日本在这方面尤其突出。社会常识（common sense）的力量极其强大，每个人在行动时都要充分考虑所处社会的利益。在这一点上，美国人并不太介意社会的构造，自己想的才是最重要的，带有很明显的个人主义色彩。

例如，一个年轻人想要学习数学专业，但是家里却想要他继承家业。这种事情在哪个国家都会发生。如果是在美国，年轻人一定会坚持走自己的路，同时尝试寻找其他可以帮助家庭的方法。但是在亚洲，家庭和社会才是一个人最需要做出奉献的对象，很多人都会在这样的大环境中改变自己的梦想。

中国会出现下一个"苹果"

未来的中国经济是否会像美国预测的那样拥有绝对优势呢？我不敢说百分之百地确定，但我认为可能性极大。比如，中国的大型企业应该会在世界上占据主导地位。有人认为这都是因为企业背后是国家的支持，但是我想说的是，中国政府与企业的纽带的确十分紧密，但是主要还是因为这些企业在国内市场已经取得了巨大成功，才能借着发展势头成功进军海外。更何况这些大型企业的领导本身也都是商业精英。

在 10 年左右的时间内，中国一定会开发出下一个 iPhone，开发出从欧美到发展中国家，每个人都想拥有的产品。这个产品有可能是智能眼镜，也有可能是电动汽车。虽然不知道具体是什么产品，但一定是中国人设计和创造的品牌。例如，如果某个中国企业可以开发出高品质、高性价比的智能眼镜，掌控 AR 技术和信息数据，那么该企业就有可能发展成和苹果公司规模相当的全球知名企业。

深圳力量的来源

在中国，有一个和美国硅谷地位相当的城市，那就是深圳。这里聚集了众多初创企业，城市活力源于外来人口的能量。美国市场的活力其实也来自世界各地的移民。在过去两三百年里，很多人怀揣梦想漂洋过海来到美国，包括我在内，现在大多数美国人都是移民的后裔。不同种族之间的通婚，又催生了新的观点和文化，形成了美国特有的多元文化。这些就是美国之所以可以快速发展的动力。

其实，在中国的土地上，也在发生类似的变化。外来人口充满了动力和活力，他们其实就是国内的"移民"。中国疆域辽阔，有众多的民族，几百种语言。云南省村落里的方言，上海人完全听不懂。哈尔滨和广州的居民之间也用着几乎完全不一样的语言。中国虽然在文字上基本统一，但是口语方面千差万别。

如今，这些人都来到了同一个城市生活。一个来自甘肃农村的小伙子，买了一张单程票来到深圳，工位旁边坐着来自云南的同事。从距离上、习俗上看，他们几乎跨越了国与国之间的距离。在深圳，有超过1700万人口，只是这一千多万人中极少有本地人口，大多数都是外来人员，他们在不断地融合和协作。深圳是一座崭新的城市。

财富的源泉在于差异

与其他亚洲国家相比，日本有其独特之处。在新经济时代，创新和财富的源泉就在于独一无二，在于与他人完全不同的思考方式。因此，日本人的独特性成了日本发展的原动力。

说到日本的不同之处，就不能不提及它特有的哲学思想。日本人认为万物都有生命，即便是不会动的岩石、大地和树木，也都有内在的灵魂。这就是为什么日本对机器人的看法和其他国家并不相同。日本人与众不同的科技观就是他们强有力的文化力量。

我个人并没有在日本工作的经历，但是也熟知他们的"集团主义"行为模式。虽然这种做法有时候会造成麻烦，但是在很多时候还是能够起到积极作用的。

我的朋友斯图尔特·布兰德创建了一个名为"今日永存"的基金会（Long Now Foundation），其主旨就是要做长远的思考。他们有一个"万年钟"的项目。这个钟高约152米，建在深山中，可以自动运行上万年，每天中午会发出不同的旋律。

但是，想要维护这个钟，也需要坚持上万年。这让我想到了每次去日本时的心得。每当我坐在电车上穿行在城市和乡村之间时，我都会看向窗外，想要寻找一个屋顶瓦片破损的房子。但是，这么多次下来，一个这样的房子也没找到。我不知道世界上还有哪个国家能把维护工作做得如此彻底。因此，我提议将万年钟的维护交由日本公司，因为他们是全世界最擅长做这个工作的人。

日本的维护工作非常卓越。伊势神宫就一直坚持着每20年重修（迁移神殿）一次的频率，可以称得上是建筑维护领域里极致的例子。而且，日本还拥有世界上历史最悠久的公司，日本酒藏和日式旅馆的历史竟然可以以千年计。他们在保持传统和维护原貌方面的确有过人之处。

不仅如此，日本人还精于细节。因为国土狭小，他们学会了如何利用微小的空间。这一点同样适用于现代社会中对空间的有效利用。

世界各地的"收缩与分散"

在去往世界各地的旅行中，我明白了一个道理。世界各地在工业革命之前因为阻隔而产生的多元文化，随着全球化的发展越来越趋向统一。从某个层面看，人类的文化在不断地收缩。这种收缩导致在其他层面的分散不断加速。

我们都很熟悉的马斯洛需求层次理论（又称自我实现

理论）指出，人类最基本的需求就是生存必需的生理需求，接着是安全需求、社会需求，到这个阶段才会开始追求兴趣爱好和事业。当基本的需求得到满足后，人们才会有较高级的需求，人们才会提出"我是谁"的问题，会考虑自己存在的意义，开始某种自我觉醒，继而达到自我实现的阶段。

借用这个框架，我认为全世界在最基础的层次上的需求正在收缩。全世界的人都想要空调、Wi-Fi、洁净的自来水。学校的教材是雷同的，在大城市里，人们看着相同的电影，吃着相似的食物。

但是，正是因为在需求层次的最底层发生了收缩现象，才会出现高层需求的分散与多元。我们才会探索我们为何在这里，对生存的意义、生命的方向做出不同的思考。

城市的兴起

未来大城市将被高度机械化的农场环绕

在全球化背景下，经济也呈现出全球化趋势，不同文化背景的国家都在不断摸索，与其他国家进行比较，寻找自身优势。长期来看，这存在一个潜在的问题。

当人口可以在全球范围随意流动，语言也不再是障碍时，各地就会努力强调自己的优势，并以此招贤求能。例如，东京就会想尽办法展现自己的魅力。

这样做的后果就是，再过 100 年，在日本，除东京以外的地区就会变得人口稀少。前不久，我和妻子在四国做了环岛深度旅行，发现因为年轻人都涌入城市，农村人口急剧减少。甚至在有的地方，汽车站上摆着假人装点门面。中国的情况也大体相同，有些村庄里只有老人和儿童，青壮年都外出去深圳、北京这样的大城市打工。不用等100年的时间，这样的村庄就将永远消失。不仅在日本和中国，全世界都会出现城市不断扩张、农村不断消失的景象。

未来，人们会选择在大城市生活，城市以外的平原会成为粮食生产的区域，其他地方都将恢复自然的面貌。人们在高度发达的都市中安居乐业，郊外自然环境优美，农庄分布其中，农庄里的机器人辛勤劳作。

产业塑造城市类型

未来还会出现类似深圳这样大量聚集特定产业的城市。深圳遍布制造业工厂，这样的布局其实非常科学，而且高效。深圳并非主打软件，而是主打制造业，相当于集中了软件开发公司的硅谷。这样就形成了一个特有的产业生态。同样，美国的波士顿作为机器人开发的中心城市，聚集了大量机器人领域的初创企业。两个城市的定位如此分明，所有人都会形成一个固定印象："想从事机器人制造就去波士顿，想做家电行业就去深圳。"城市定位有助于汇集更好的资源。比如美国的南加州一带就形成了电影工业的集群，有志于成为导演和明星的人一定会首选南加州。

21 世纪还会形成很多以某种产业为核心的城市，想要从事相关产业的人也会将其作为第一选择。比如提起设计，大家就会将目光投向阿姆斯特丹。至于东京，它也许可以成为机器人产业的中心城市。

城市在形成产业定位后，可以更好地调配人才及资金。这样的超级城市人口会达到几千万，并辐射周边，比一般单个城市占地面积要大很多，类似于东京的首都圈、旧金山的湾区、珠三角地区、纽约都市圈，多个城市共同发挥城市功能。

城市争夺人才的时代

我曾经引用过别人说的一句话，"国家，在处理小事的时候显得太大，在处理大事的时候又显得太小"。我一直认为，城市应该掌握主导权，而不是国家，这样才能让世界变得更好。比起国家，我更希望看到充满动力的城市蓬勃兴起，在世界各地出现超级城市，并且形成超级城市的合作网。现在，几乎所有的创新都来自城市，这里聚集财富，各式各样有趣的新事物也在这里兴起。

未来，城市必然还会不断发展，城市人口也会不断增加。如今城市人口约占全世界人口的 50% 以上，将来会增加到 75%。因此，很有必要为了配合这一趋势研究出新的政策。

在遥远的未来，这种趋势会愈发明显。因此，需要有新的政策保障流动人口的权利，要调整现有的法律和税制，以便人们可以前往世界上的任何一个城市生活。如果谁都可以自由地择地而居，城市之间就要在吸引力上相互竞争了。

到了 2070 年，全世界人口开始减少，而且会逐年递减。因此，城市会为了保证人口数量而展开竞争。而从这个节点开始，再发展下去，未来世界将会成为我梦寐以求的样子——城市的权力超过国家的权力。这一点和现在加利福尼亚州能够左右美国的国家政策有些相像。

此处以加利福尼亚州对汽车尾气排放的规定为例来说明加州政策如何影响到美国的全国政策。加州对环保的要求比其他地区都要严苛。因为加州面积大，汽车保有量高，汽车厂商又不愿意按照两套标准生产汽车，最终加州的标准成了美国全国统一的标准。

如果一个城市的环保标准远比其他城市严格，那么最终结果就是其他城市要提升自己的标准。这个模式也适合其他领域。比如，欧洲推行最为严格的个人隐私保护法后，其他国家也只能紧随其后。因此，我相信在多年以后，城市一定可以掌握绝对的主导权。

凯文·凯利和他的藏书

（照片由詹森·亨利拍摄）

第五章

Chapter Five

5

倾听科技

洞见未来

快速变化的时代

倾听科技的方法

在本书的开篇，我说过：我做的仅仅是倾听科技，因为科技是有生命的。我会不断地追问："科技想要什么？"然后努力帮助其实现。

我们如何才能知道科技真正想要的是什么呢？我一直认为，科技的发展和人类没有什么关系，它就走在自己要走的轨道上。想要确认这一点，就要观察科技被如何运用在生活之中。每一个发明者都会为自己的发明想好应用方式以及应用的场景，有意思的是，他们的猜想经常与现实不同。科技其实有自己的偏好，只是发明者未必知晓。正是因为人们在使用这项科技的时候，没有按照发明者的预判进行，人们才有机会发现最适合这项科技的应用领域。

但是，我发现科技还会被年轻人，甚至是罪犯利用，造成混乱。在这种混乱中，我们能够更好地发现科技自身的走向。以互联网为例，最开始它被用于在图书馆检索资料或者被用于做研究，但是后来人们开始用它来玩游戏，甚至很多人利用互联网观看色情作品。

只有看到一种科技的应用范围下限，我们才能完整地把握它。技术的发展和当初发明者的预期相去甚远，这才是科技所具有的本质的发展趋势。

游戏规则发生改变

当今社会，是一个在变中求变的世界。第一阶段，由变化引发的游戏内容会改变。到了第二阶段，游戏规则会发生改变。变化是环环相扣的。我以前做过有关科学方法发展的研究。我们认为科学方法只有一个，那就是所有要素结合起来不断改进。所谓科学，就是一种了解事物的方法。人类因为选择了科学，才能不断进步、延长寿命，享受更加优质和安全的生活。

科学方法不断改进，说到底就是游戏规则不断发生变化。这一切又引发了学习方法发生改变，使我们对事物的理解也发生改变。因为视频平台的出现，我们发现新事物的速度不断加快，并且可以实现共同学习、共同进步。不过，网上也会有一些虚假的信息，这也算是一种认识事物的角度。这些都是变化的特点，变化的规则本身也在发生变化。当学习速度有了明显的提升时，知识的领域也会不断扩大，这些都是进步。

维基百科和视频平台上会出现虚假信息，它们本身也是甄别真实与虚假信息的最佳工具。一旦我们发现一件事物发生变化，它又会突然改变变化的形式，发生另一种变化。在这个时代，变化的发生方式都随时在变。

掌握学习方法的重要性

因为全球化进程和科技进步的速度越来越快，加上世界充满了各种不确定性，所以孩子们从小学一年级开始到高中毕业的 12 年间，最需要学习的是学习方法，而且要在高中毕业时掌握最适合自己的学习方法。

我们每个人的学习方式都是不同的。有的人在学习期间需要确保充足的睡眠，有的人需要写写画画，有的人需要边听边记，还有的人需要动手操作才能记忆深刻。有的人需要反复学习五次才能掌握，有的人只需要四次。无论你是哪一种类型，首先都应该训练自己找到最迅速且最适合自己的学习方法，要始终有保证学习速度和理解深度的意识。

如何才能掌握学习方法呢？在走出大学走上工作岗位之前，并没有人能够教给你这项技能。假设你现在想学习编程语言，谁也不知道现在的主流在 5 年后会不会消失。你今天的理想职业，也许到时候就不存在了。世界变化太快，你一生之中可能需要调整很多次做事的方式，也可能需要不断重新清空旧的知识体系从头学习。这就是为什么学习的内容并不重要，拥有强大的适应能力和学习能力才至关重要。

不过，目前尚没有一个学校可以教学习方法，也没有专门的课程，每个人这方面的能力都有待开发。虽然如此，学校的学习也并不是毫无用处的，它其实是大有益处的。但是除了学校的学习，很多人为了掌握学习方法，还要投入很多资本，做各种努力，要从尽可能多的人身上汲取养料。

想要掌握学习方法，首先要从单一的项目开始，掌握获取最新知识的读写能力。在专攻一个领域的过程中，我们会发现还需要掌握更多的相关知识，例如微积分或统计学，就会自然而然地进入下一个学习环节。

因此，我认为学校教育不要太专太精，而要尽可能地广泛，对学生进行通识教育。从幼儿园到高中，甚至是大学，都应该尽可能地扩展教学涉及的范围。每个人可以对自己感兴趣的科目进行钻研，但是整体上一定要保证有宽广的视野。

大学里应该多开设选修课，在此基础上，让学生选择自己的专业课程，拓展兴趣爱好。如果在通识教育方面打好基础，就会有意想不到的收获，学生将会有能力将看似毫不相关的两个领域联系起来。

很多成功人士都走过迂回曲折的道路。我们经常认为他们生来就知道自己的奋斗目标，并且一直向着目标不断前行，但实际上没有什么人是一帆风顺的。在走弯路的过程中，他们会积累一些并无关联的经验，注意到以往从未想过的问题。最终，他们将这些碎片汇集在一起，创造出有很高价值的新事物。没有一种经历没有意义，那些我们毫无兴趣的事物，也有可能在多年之后和另一件事物发生奇妙的化学反应。

说了这么多，我自己其实还没有达到这个境界，只能说尚处在摸索学习的状态。但是，我相信只要不断追求，就可以在和自己职业无关的领域有所发现。我会经常参加一些和我的工作无关的项目，只是因为很感兴趣。因为没有相关知识，难免会经历烧脑的过程，这就促使我必须不断学习。明明没有写作经验，却会挑战自己，和出版社签约。明明没有拍过视频，却开始了系列视频的创作，甚至还开始做起了播客。正因为我不断挑战自己，所以我才能有机会不断学习新鲜事物。

乐观主义者才能创造未来

科技的功与过分别占 51% 和 49%

我一直站在科技的角度观察这个世界。科技是一把双刃剑，既有好的一面，也有坏的一面。无论哪种科技，能够解决多少问题，就有可能引发多少问题。而且，科技引发的经常是全新的、未知的、令人不安的问题，这样的事情在现实中不断发生。

我对所谓"好的科技"有着自己的判断标准。比如，原子弹绝对不是一项"好的科技"，因为它会剥夺人的生命，剥夺人们选择的权利和所有可能。原子弹这种武器的主要目的，就是"抹杀一切"。

但是当原子能与发电联系起来时，就会给人们提供更多的可能和选择。电会照亮黑夜，电灯会延长白天，电能孕育新的力量。手工劳动可以通过电力实现自动化，提高效能。数百万人会因此而产生新的创意，实现新的可能。

虽然原子弹与核电都来自原子能，但却是完全相反的两种科技。一个会抹杀所有可能，另一个会拓展更多可能。

原子弹这个例子可能有些极端，不过我相信大家都可以举出一些其他的例子。

例如，AI 拥有巨大的可能性，与此同时，它也可以引发各种各样的问题。而这些新问题同时又孕育着新可能，总体而言，又扩大了可能性的范畴。

我们正在努力将 AI 技术应用到更广泛的领域之中，由此不断创造出新的工作岗位、新的创意、新的产业。AI 帮助我们完成了数以百万计的新任务。在未来 50 年的时间内，AI 都将是一项帮助我们扩展无限可能的科技。

对比一下埃隆·马斯克正在推进的"超级高铁"

（Hyperloop）项目。该项目被称为"飞行铁路"，首次提出便吸引了人们的关注。这项技术以"真空钢管运输"为理论核心，但其本质是一项波及效应并不高的初级技术。AI 则不同，它可以催生无限的可能性并引发万事万物的改变。

还有一项技术也充满无限可能，那就是基因工程。埃博拉疫苗可以挽救无数生命，但是它的意义也无法与 CRISPR-Cas9 这类基因编辑技术比肩。因为基因编辑技术可以对其他科学技术产生影响，可以带来呈几何级增长的可能性。我在判断一项科技的时候，总会思考这项技术是否具有广泛的影响力和无限的可能性。

科技不是一个不偏不倚的中立存在，它会在解决问题的同时引发问题。二者比例看似各占一半，其实不然。科技带来的益处占比为 51%，而它引发的问题占比为 49%。虽然二者之间只存在 2% 的微妙差别，但是如果将这个比例放在时间的长河之中，我们就会看到其差别有多么巨大。因此，所谓的进步，从来不是在当下就能看出来的，只有回顾历史时才能发现。

思考"进托邦"

因为我本人是一个极致的乐观主义者，因此我创办的《连线》杂志也一直以乐观的态度观察世界。乐观是我的信仰，是我的信念。在那个经典的描述半杯水的例子中，当别人都在遗憾"只有半杯水"的时候，我从来都会因为"居然有半杯水"而开心。

因为有这种"居然有半杯水"的心态，我们才能创造更好的未来。我们如果可以在心中为未来绘制理想的画卷，就可以更好地将理想变为事实。虽然"明天会更好"只是一个良好的祝愿，但只有能想象出美好明天的人，才更有可能实现它。这就是某种能动的想象力。

我从来不认为未来会是所谓的"乌托邦"，我更喜欢用"进托邦"（protopia）这个词。protopia 是 progress（进步）和 topia（地方）两个词合成而来的。进托邦的含义就是，明天不会像我们想象的那样完美，但会变得比今天稍微好一点儿。

从历史中学习

我之所以如此乐观，是因为我一直学习历史。只需要回顾过去 200 年的历史，我们就能发现，人类世界在不同阶段都在进步。每年的变化可能并不明显，但是人类的寿命的确更长了，生活的世界更安全了，暴力也渐渐减少了。在过去 200 年中，人类世界每年都有一点儿改善和进步，一步一步走到今天。

虽然平均下来每年进步的幅度都不到 1%，但重点在于 200 年间进步从未停止。从这个规律看，未来也将会继续进步，这就是人类发展的方向。继续保持这个不到 1% 的幅度，再过 20 到 25 年，我们会走到哪里，收获什么，会不会达到让我们满意的状态呢？即便每年只取得一点点的进步，也会积少成多。我们需要做的只是在心中描绘 20 年后更好的愿景，向着那个方向不断前进。

但是，和我这种乐天派不同，还有很多人认为这个世界会越变越糟糕。之所以会产生这种想法，是因为微小的进步很难被觉察。毕竟 51% 和 49% 之间的差距也不大，在短时间内也很难分辨，人们很容易就把注意力放到

49% 的问题上。

传统媒体和新媒体也更愿意关注负面社会新闻，而不会报道太多正能量的内容。负面新闻更容易在第一时间吸引人们的注意力。哈佛大学的史蒂芬·平克教授曾说过，所谓好事情就是"今天没有坏事发生"。比如你今天没有遇到拦路抢劫的人，没有走在路上遇到路陷桥塌，这就是好事。可是新闻怎么能报道这些呢？新闻就是要找到与众不同的事情。因此，新闻总会倾向于关注负面的事情，其实并不能反映真实的现实世界。

继续回到微小但持续不断的进步上。大家一定知道复利计算，也就是将上一期的本利和作为这一期的本金。即便我们每一年只能进步 1%，不，即便每天只能进步几乎微小到不可见的一点点，但是只要这个进程持续上百年，势必会有一个令人惊喜的结果在终点等着我们。这，就是人类文明走过的轨迹。

当我们身处城市中心时，我们会看到无数的高楼大厦，这就是数百年不断进步那 1% 的最好证明。在数百年间，文明得到了发展，生活也得到了改善。

为了更好的明天

　　尽管我分享了这么多乐观的观点，但是不可否认，那些对科技持悲观态度的人，以及对科技心生畏惧的人，在某种意义上说并没有错。因为新科技带来了很多我们从未遇到的新问题。科技的力量越强大，就越可能被人用在非正义的事情上。因此感到恐惧和畏惧是非常正常的。

　　我们现在面对的很多问题，都是由以往人类发明的科技引发的。所以我们20年后要面对的问题，大概都源自现在刚被发明出来，或者正在被发明的科技。

　　可能有人要问我为何还能保持一如既往的乐观态度。那是因为我知道，所有解决科技引发的问题的对策，绝对不是"减少科技"，而是"创造更多、更好的科技"。

　　在这一章的结尾处我想打一个小比方。如果有人提出一个看起来就很愚蠢的设想，睿智的人不会劝他就此打住，而是会告诉他："你可以尝试想一个更棒的主意。"因此，当我们看到出现了一个愚蠢甚至是有害的科技时，最合理的反应不是"减少科技发明，停止一切"，而是要致力于发明更好的科技。这才是面对问题时应有的姿态。

乐观主义会让未来在眼前清晰可见，这一点和电影界制作预告片很像。但同时我们也需要保持一定的审慎和批判态度。用汽车来打比方的话，乐观是让汽车行进的油门，而悲观是在弯道和停车时需要用到的刹车。这两者都不可或缺，但是想要前进，我们必须要多踩油门而不是刹车。

向阿米什人学习

我想和大家分享一下自己体验过的阿米什人的生活方式。我第一次骑着自行车横跨美国大陆时，初次遇见阿米什人。在那之后，我用了几十年的时间收集相关信息，准备写书，并为此联系到一个阿米什人的专家，听他介绍了很多情况。时间久了，我们成了好朋友，他也几次邀请我去家中小住，接受我的采访。

我阅读了大量有关阿米什人文化的书籍，还参加过他们讨论科技产品的会议。总体来说，阿米什人比较排斥新兴科技，尽量与现代生活保持距离。

在大多数人印象中，阿米什人都过着极其简朴的生活，但实际情况并非如此，或者说，比我们的一般印象要复杂得多。首先，他们虽然被统称为阿米什人，但实际可以细分成很多群体。各个教区和社区奉行不同的原则，对科技的接受度也有差别，很难用几句话概括出来。如果一定要找出共同点，那就是阿米什人总体上是接受科技最晚的人。群体不同，接受时间也不一样，不过大致看来，一项科技在现代美国社会被普及 50 年后，阿米什人才会接受这项科技。

直到今天，还有一些阿米什人不使用电和汽油发动机，出行骑马，纯手工作业。即便是用电的人，有些也只使用太阳能发电。有一些人会购买汽车，但车子只选黑色。

还有些人不用电发动机，而选择柴油发动机。还有人用马匹拉大型收割机。收割机里的汽油发动机本来就有大马力，到头来却还是得靠大"马"力。

很多美国人都以为阿米什人只吃有机食材，其实不然。他们的餐桌和一般美国家庭没什么不同，他们也会吃用谷物和糖制作的食品，也会吃薯片和其他加工食品。

也有阿米什人会使用太阳能充电手机。其实，阿米什人和我们没有那么大差别。我们中间不也有从来不用洗衣机的烘干功能而只选择室外晾干的人吗？还有人坚持不听数字音乐只听老唱片，有的人不坐飞机只坐火车，有的人虽然上网但是不用脸书。类似的例子还有很多。

以家庭和社区为基准的生活

在评判阿米什人和我们的差别时，不能以个人对科技的接受度为基准，而应该从集体层面进行评判，因为他们从来都是全员决策。

通常我们在判断是否需要接受一项科技的时候会从自己的好恶出发，或者要看一看这项科技是否适合自己。阿米什人对待科技的态度和我们不一样，其决策原则可以分为以下两点。

第一，如果这个科技能给他们增加更多和家人一起享用三餐的时间，他们就会加以考虑。阿米什人大都务农，或在家做些手工活。这都是为了确保可以陪伴家人，让在附近上学的孩子们可以回家吃午饭。

　　他们放在第二位的标准则是这项科技带来的消费和活动是否会超出自己所处的社区范围。只使用马匹或马车出行的人，活动半径大约是 24 公里，我们可以认为阿米什人的社区基本就是这个大小。在这个区域内，他们可以就医、购物、上学，完成生活必需的各项活动。

　　车子在需要去到更远的地方时才用得上，所以他们根本不需要。手机似乎也没有什么必要，毕竟走过去直接见面也没有那么费力。因此，和我们不同的是，社区是他们做决策时要考虑的第二大要素。

　　阿米什人通常都是大家庭，一家有八个孩子的情况很常见，一天里最重要的事情就是家人们围坐在一起用餐。

邻里关系也非常紧密。阿米什人不上保险，如果遇到火灾，房屋被烧，社区里的邻居就会来帮忙建新家。如果生了病，大家也会集资帮他付医药费，因此完全不需要保险。阿米什人大都友好和善，但是在他们的生活中也充满了禁忌。比如不能听音乐，不能读书，家中甚至不能有书籍。虽然可以上学但只能上到八年级（相当于日本的初中二年级），只学一些基础的读写。因此，没有人成为医生或其他专业人士，这里需要依靠外部社会的医生、律师及科学家。男人有两个可以选择的职业，要么务农，要么做木匠、修房子。而女人只有一个选择，嫁为人妻，再成为母亲。

当我们选择科技时我们在想什么

尽管阿米什人对待科技的态度十分特别，但我们依然可以从中找到值得借鉴的地方。在未来，AR 和智能眼镜将会非常普及，我们该以何种标准做出决策选择呢？我们不妨尝试用阿米什人的方式进行思考，可以自问，这个产品能让我得到成长吗？会为我的家人带来益处吗？对我的社区有什么正面的影响吗？

我有很长时间既不使用智能手机也不使用推特，甚至还有一段时间没有笔记本电脑。我现在不仅用笔记本电脑和智能手机，也用推特。因为担心自己无法控制使用社交应用的时间，只有在打电话和搜索信息的时候才会掏出手机。

我的家里还没有 AR 和 VR 装置。我的手机不是最新的机型，软件也没有更新。

其实，我在使用一个新科技之前都会先进行思考，在日常生活中尽量只保留维持最基础需求的东西。我在不停地体验新的科技，但并不会照单全收。我只保留自己精挑细选的项目，而过滤掉了绝大多数的新科技。

第六章

Chapter Six

6

创新
与成功的困境

传奇企业家带来的启发

《连线》杂志诞生之前

在第四章里，我提到自己只读了一年大学就休学了。休学后，我先去了中国的香港和台湾，然后到日本，从鹿儿岛乘着货船去了大阪。接下来我到了韩国，然后又转回日本。结束这一次长途旅行后，我回国工作了一段时间，又再次出发，去了印度、尼泊尔、阿富汗、伊朗、也门和耶路撒冷之后才回国。但是我可能是一个待不住的性格，即使在国内也没有停止行走。我骑着自行车周游美国，遍访住在各地的亲友。这时，一位朋友告诉我他正在纽约州的北部建一座新房子，我立刻跑过去帮忙。我对建房子一无所知，但是朋友很乐意指导我。我们从地基开始，最终完成了整个房子的建设。因为建的房子很大，所以我在这个过程中学到了很多。

建完房子后，我又重返大学校园，并且开始给杂志写稿。当我决心要成为一个科学家时，我遇到了一位朋友。他是一个研究人员，也是一个微生物学教授，当时刚刚进入佐治亚州的研究机构。我在他那里工作两年后，意识到自己并不具备成为科学家的潜质。这两年里，我开始创业，同时也在继续撰稿。因为在研究所可以使用计算机，所以我接触到了互联网这一新鲜事物。

离开研究所后，我去了加利福尼亚州，到《全球概览》工作。在那里，我加入了我唯一知道的早期的互联网实验项目中，并且把自己的经历记录下来。

我在《全球概览》最先着手做的就是召开黑客大会。同一年，面向一般网络用户的 The Well 创立。在此之前，除了在大学能使用网络发送邮件，也就只有在科技公司能够接触互联网了，一般人根本没有机会使用互联网。因为 The Well 的出现，大众终于得以和互联网亲密接触。每月花费 8 美元，就可以收发邮件，还可以和其他用户联系。

这个时期还有几本杂志陆续创刊，其中之一就是《信号》（Signal）。这本杂志主要涉及数字化方面的内容，为我日后创办《连线》带来了很多启发。

因为当时签下了处女作《失控》一书的合约，所以我暂时停止了在《全球概览》的工作，整日坐在我家后院漏雨的小屋里专心写作，一写就是五六年。当我刚刚完成书的写作时，路易斯·罗塞特从阿姆斯特丹跑来，邀我出任《连线》杂志的主编。创刊号于 1993 年 1 月问世，比《信号》晚了大约四年。创刊号上登载了《失控》一书中采访过的人物报道。The Well 还对《连线》的创刊进行了报道。这就是我在《连线》杂志创刊之前走过的道路。

成功带来的迷茫

因为《连线》杂志，我采访了许多硅谷的知名企业家。他们给我的感受就是，人越成功就越难以找到自己存在的意义。究其原因，可能是成功会将人与现实社会隔绝。

20世纪70年代，我在印度旅行时遇到过一些年纪很大的游客。他们比较富有，出行都配有专车和导游。我作为一个背包客，虽然没钱，但有的是时间和自由。这些老年游客日程已经被占满，反而很羡慕我的旅行方式。有钱的人可以为有经验的导游、节约时间的出行和各种便捷买单，但与此同时，他们也失去了和真实社会接触的机会。我没有钱，想要得到任何经验，唯一的办法就是自己想办法，这就迫使我必须运用想象力和创造力。什么都可以花钱买到的阶层可以靠付费达到目的，就不再需要付出这些努力了。

如果你已经拥有成功，你就很难从现在的状态中走出来。你可以非常努力地在现在的基础之上再提升一点儿，但是完全换一个领域对你来说会十分困难。因为这种转换可能涉及生死存亡，你可能会因此变得一无所有，也可能会变得一无所知。越是成功就越想追求完美，而且这种对完美的极致追求根本停不下来。

但是，如果想要继续提升高度，有时候就需要先降下来。在进入下一个阶段时，我们需要先回到谷底，再冲上顶峰。然而，这很难做到，因为降下来的过程，对成功者而言，就意味着失败。

我采访过比尔·盖茨和杰夫·贝佐斯等人，他们就不属于我提到的止步不前的类型，他们直到今天还处在上升的阶段。这些人的共通之处就是可以正确地认识自己。比尔·盖茨将自己的人生重心从积累财富改变为经营慈善事业，这是因为他对自己的认识改变了，对周围世界的认识也更清晰了。选择在事业的巅峰时期退出是一个艰难的抉择，因此我一直认为他有异于常人之处。

史蒂夫·乔布斯也是一个典型的例子。他这个人有些傲慢和无礼，在生命最后几年尤其明显，因此不喜欢他的人也不少。但是在做事方面，他异常执着，从来不惧风险，不会放弃，也不会被成功束缚。他虽然没有讨人喜欢的性格，甚至一度被赶出自己创办的苹果公司，但他的确是一个真正的成功者。

我刚刚说到的容易故步自封的群体，基本都是没有那么叱咤风云的富裕阶层，比如大公司的 CEO、航空公司的经营者、旧金山的地产大佬等。这里我无法说出具体的信息。他们都是众人眼里的成功人士，却被自己的人生和成功束缚得紧紧的，难以挪动。

我完全没有批评他们的意思，我只想说，想要真正了解自己，就需要经历失败，也需要有从零开始的经历。而这些人已经无法从成功中走出来，面对新的挑战了。

科学的基础就是失败，所有的进步都来自失败，创新也是如此。要想获得成功，就要挑战难题。有很多成功者已经不能接受失败，因此也就很难再有进步和创新。我自己也是一样，越来越不愿挑战成功概率低的项目，也越来越不能忍耐。

大企业无法创新的根本原因

这一点同样适用于公司。例如微软这种在计算机领域致力于开发最佳操作系统的公司，如果想要将重点转移到软件领域，就要暂时从现在的最高峰跌落。这种决断非常难，通常只有疯狂的人才能做到。这种事情比尔·盖茨做不到，但乔布斯就可以。总之，越是成功的企业越难转型，在转型期就要面对业绩下滑的现实，这样颠覆性的技术转型确实十分艰难。

大企业难以创新的主要原因是很难找到新的突破口。而且，越是成功的企业越追求效率上的完美和优化，就会去做自己已经成功的事，或是追求完美的流程。如果想要有新发现，就必须走一条和最优化截然相反的道路。选择风险大、获利少、规模小的方向，无论怎么看，这都是一场得不偿失的商业冒险。

而且，一个已经取得成功且维持最优状态的企业，也未必能够承受向恶劣的商业环境转轨的考验。除非公司的高管可以"独断专行"，将企业拉向收益小、风险高的小型市场。

我在第三章介绍的人造肉市场目前就处于规模小、风险高、没有保障的状态。一个成功的大公司会愿意投身其中吗？大公司可能更倾向于鼓励小公司试水，如果成功，就将小公司收购。因为大公司太成功了，彻底投入这样的领域基本没有可能。

不过，创新并非集中型，而是分散型的，是根植于企业文化之中的。因此，即便买下小公司，也无法买下它们的创新性，买下的只能是一个具体的解决方案。这样的收购无法带来未来的持续创新，只是普通的商业行为而已。

创新产生于边缘之处

我采访过很多为这个世界带来变革的风云人物，比如比尔·盖茨、史蒂夫·乔布斯、杰夫·贝佐斯等。他们取得最辉煌的成就之前，都身处混沌的最底层。公司、国家、互联网，所有复杂的系统其实都在追求一种极致的秩序。追求秩序的力量在暗暗涌动。没有人会喜欢混沌，连公司普通员工都会抱怨"公司内部混乱，需要好好定规则"。

然而，事物本身还会突然加速、突然失控，会向混沌靠拢。研究表明，长期存续的事物都处在严密的秩序与完全混沌的夹缝中，在这个狭窄的地带滑动，随时有掉入一边的危险。

这就好像是一个悬崖，而悬崖的边缘才是最适合发展的领域。最具活力的成功企业，就是站在混沌的边缘且不会被秩序所束缚的企业。如果不具备这样的特点，那么企业很可能更偏向秩序的一边，也会因此缺少活力。

这一点在电视、电影和杂志行业体现得尤为明显。电影有自己的拍摄周期，杂志也要每月按时出版，电视的整点新闻更是一秒都不能差。为了确保在截止时间前完成任务，所有人都好似拼了命一样。比如我们的《连线》杂志，每个月都担心到底能不能按时出版。《连线》可以按时出版，我一直觉得是个奇迹。但也正是因为我们一直站在悬崖边上，从来没有感到过轻松和安稳，杂志品质才能够不断提升。

我们一直逼迫自己站在悬崖的边缘，因为那才是最有活力的地带。我们也尝试过求稳，不再做一些冒险的事情，但每次还是会把自己逼回到这里。看上去充满风险的地方，恰恰是孕育成功的摇篮。

同时，只有小企业才能做到革新。有很多风险投资人会为小企业提供资金援助，但是如果投资金额巨大，他们就会直接收购小企业，而不会坐等革新成果。所以，不要以为给初创企业充足的资金是好事。如果资金太多，反而会毁了这些小公司。金额只要能大致维持企业生存即可，真的是所谓的"给口饭吃"就行。

最近，听说一些日本的风险投资机构为有优秀创意和团队的初创企业提供大笔资金。人是很难拒绝优厚条件的，极少有人能回绝几百万美元的投资。但确实有少数头脑清醒的人不会接受过多的投资。只有保持几分饥饿的状态，才能有继续创新的可能。

召开"失败分享会"

创新的本质是要从低效和失败中汲取经验。因此，在硅谷有一个说法，叫作"积极地失败"。失败了，跌倒了，再从原地爬起来，这才能帮助人们吸取教训。硅谷的革新都来自正确对待失败的态度。即使实验失败，也会被当作成功的一部分，没人会对此加以非难。亚洲国家如果可以更宽容地对待失败，可能就会更容易产生创新。

近来有一个初创企业在进行敏捷项目的开发，颇受关注。平时如果多积累一些小的失败，就可以避免大的失败。而且对待小的失败也要迅速做出反应，不要让它们酿成危险，即便有损失也不要苛责。近年来的大趋势就是要让失败以微小的形式在早期显露。

我在第三章里提到的孵化器公司下面有 15 家小企业。他们会为每个企业投资 25 万美元，并且提供 4 个月左右的孵化器使用时间。4 个月后，公司成员将获得一个机会，在众多投资者面前展示成果。

项目发起人可以有 4 个月时间充分论证自己的创意，团队也会为他们提供支持。等到 4 个月后，会有 15 个成员进行成果展示。这时，有些公司还能继续得到投资，继续推进自己的项目，但有些公司就只能退场了。投资人也可以投入 100 万美元和一年的时间，但是其实他们只需要投入 25 万美元和 4 个月的时间就能知道结果。

不得不说，这样的做法的确高效。因为即便不顺利，损失也可以降到最低。这就是敏捷管理的效果。也许投资人还会再花 4 个月，拿出 25 万或 50 万美元，在几个月后验证结果。

但是这套做法是否适用于其他国家呢？比如说日本？我的一位日本朋友告诉我，在日本，人们将失败视为耻辱，这种做法可能行不通。

由此我想到，也许我们需要以分享失败经验的形式，让受到挫折的人把自己的经历讲给成功人士。为了让社会大众更能接受失败，我们可以召开失败分享会，让失败的经历也能展现出积极的效果。在会上，同为失败群体，大家要相互尊重，将自己的失败经历和原因分享出来，还可以考虑颁个奖给损失最大的人，让大家能够用一种"谁惨谁厉害"的调侃心态面对挫折。

我有个朋友两年前损失了一大笔财富，大约 500 万美元，企业因此破产。他逢人便说这段经历，完全没有忌讳。

如何保持思考

未来的人生要以日计算

我去耶路撒冷的时候参加了一个修行活动，活动内容就是让大家思考一下，如果生命还有 6 个月的时间，你会做些什么。我认真地想了很多，最后的结论是，从今以后，要以"日"为单位来计算生命的余额。音乐家布莱恩·伊诺也曾经告诉我，余生不要再用"年"来计算长度，要用"日"。

假如从今天算起，我还能再活 20 年，听起来也不算短。但是如果换作天数，就是 7000 多天。我是 1952 年出生的，查了一下政府公布的平均年龄表，我这一年出生的人预计平均寿命是 75 岁。所以，减去我现在的年龄，再换算成天，就可以做出一个准确的倒计时表。我将这个表导入电脑中，每天都可以提醒自己生命还剩多少天。

当看到"倒计时 6280 天"这样具体的数字时，我不由得会想要思考具体该做些什么。想做的事情还有很多，但是我一定要选出一件来从今天就开始。

我的朋友斯图尔特·布兰德给我分享过一个人生小心得。他是一个凡事都要做周密计划的人，有一天他突然意识到，几乎所有的计划从开始设想到全部完成都是 5 年左右的时间。无论是写书、开公司，还是创办非营利组织，他平均花费的时间都是 5 年。于是，他开始思考有生之年还能够完成几个计划。因为他已年近 80，所以最多还可以完成两个。如果按照他的计划时间表，我最多也就能完成四五个计划。依照生命的长度来制订计划，其实人一生能完成的计划也很有限。

我做这些计算，就是为了帮助自己确定需要全心投入的工作。如果人生只剩下 6000 多天，我必须让今天过得有意义。因此，"今日是好日"，也必须是好日，要用一种感恩的心态迎接每一天。

对人生感到满意的人有哪些共性

如果让我给年轻人提一些建议，我会对他们说：假如你决定了未来的道路，请找一位走过这条路的老人，一起度过一周的时间。你可以问问他迄今为止最后悔的一件事是什么，听他说说对自己的评价。这个人最好是你所敬仰的前辈，最后你还要认真思考一下他说的话。

对人生感到满意的人有几个共通之处。首先，他们会一直追问"自己是谁"。什么才最适合自己，这是一个难题。想要回答这个问题，就需要深刻地思考，并且认真地审视自己，了解真正的自己。我所知道的艺术家、发明家和编辑都在不断自问自答。

作为一名编辑，我读过非常多的杂志，每本杂志都能彰显编辑的个性。这些表达的背后，是编辑发现自我的历程。人生不仅仅是为了做大买卖赚大钱，也不是有一个奇思妙想后付出努力即可。公司最终是你个性和人格的体现，代表的就是你这个人。如果没有一个正确的自我认识，你就无法打造个性鲜明的公司，也就很难在竞争中胜出。

我们经常看到电视节目里问："给你十个亿你会做什么？"你如果被问到，能马上给出一个合理的答案吗？买游艇，给父母买房子，这样的回答也没有问题，但是很多人都没有办法给出一个完整的答案。

大家可能会说，我们没见过那么多钱，是贫穷限制了我们的想象力。因为没钱所以不能做自己想做的事情，我觉得这是最没有意义的想法，是不能独立完成一件工作的借口。我刚才也说过，对初创企业而言，创业初期过多的投资有时候反而会变成不利因素。因为没有钱，才会去挖空心思想办法，才会不断改进发明，才会充满创造力。

说到这里，我还想奉劝年轻人，一定要试着体验一段没有钱的贫困生活。可以去非洲农村生活半个月，或者背着帐篷和少量食物出去徒步。有了这段经历，你会感受到一无所有时才能感受到的小欢喜，也能知道自己可以在一无所有的情况下完成多少事情。

我年轻时曾经自己盖过房子。如果现在有一场大火烧毁了我的家，或者股市暴跌导致我失去现有的房产，我也有信心在老家给自己盖个安身之所。我也有过钻在睡袋里睡觉，只靠豆子和大米充饥的经历，所以并不害怕一夜之间财产全部蒸发。只要有一点儿粮食和一个睡袋，我就能活下去。因为有过底层生活的体验，所以我不担心在创业时失去所有。年轻人如果体验过这种贫困的生活，在遇到高风险的时候就不会那么恐惧。

结婚生子后，我的状态也没有什么太大的改变。我曾经住在尼泊尔的土坯房里，和有一群孩子的人家一起生活。他们非常贫穷，但是也很幸福。看到他们的样子，我相信自己一定会给孩子们提供幸福的生活。我盖房子的时候，我们一家五口曾经挤在一间房子里生活，但是我对未来充满希望。

孩子并不需要昂贵的婴儿车和玩具，最需要的就是父母的关注，以及和父母一起度过的时光。与其给孩子买昂贵的玩具，不如坐下来给他们读一本书。

写下你的思路

2010 年时，我写了一本揭示科技基本法则的书——《科技想要什么》。写这本书时，我阅读了大量的图书，其中很多都是关于科技与艺术进化史的。这些历史同时也是科学的历史，甚至还涉及兵器和战争的内容。我在阅读之后，还亲自拜访了一些作者，倾听他们的独到见解。

不过，我发现最有帮助的方法就是把自己的想法写下来。在写成文字之前，其实我对自己的想法还不是非常明确。只有写下来，才能知道自己是否真的明白。然后，我就再去书中找答案，再去听别人的想法，直到真正理解。这之后我会继续写上几行，很可能会再次发觉自己好像并没有真正领悟，于是又会重复同样的环节。有时候外出散步回到家后，我会忽然顿悟。这是一个相当费时的过程，要不停地修改，直到自己满意。我当时不停地写博客，也是这个原因。在写博客的过程中，草稿也就成形了。写下思路的过程，其实就是深度思考的过程。

我经常同时开始做几件事情。例如，我在写这本书时，会因为有兴趣而开始着手写有关 VR 的书。然后我又会听说 AR 云，想进一步了解 AR 云。在做了一番调查后，我发现"AR 云好有趣"，我会思考它是否有实现的可能。谁会使用这样的术语，它有什么意义，我会做进一步的研究。当想要继续探究的时候，我发现没有相关书籍，仅有的文献都是论文和新闻报道。我只好给专家发邮件，请教他们论文中提到的问题。经过研究，我发现这个领域还没有一本专著，于是干脆决定自己写一本。

当进入写作环节后，我会反复和各种人确认自己的观点是否正确，并把自己写好的段落拿给别人看，征求他们的意见。为了知道一种技术是否真的可以实现，我会去拜访相关专家，请他们给我演示。我还会给《连线》杂志报选题，请他们邀请专家接受采访。我忙着飞来飞去，飞回来后书稿也就基本成形了。

为了写稿，我可以花两个月的时间去专家那里请他们给我演示。我总是需要在亲眼确认后才能够落笔成文。包括在写关于阿米什人的书时，我也一定要亲自感受他们的生活才行。

因为采访内容太多，我每次交给杂志的稿件都严重超字数，编辑都要砍去一半的篇幅。

我在用了五六个月的时间构思 AR 云的内容后才开始动笔，然后又去咨询专家，继续思考，产生新的想法，并且不断听取别人的意见。

在写作时我意识到自己并不是一个真正的作者。我知道的作者都很善于架构故事，有天生的才华。而我总是要去追问事情的起源、背后的哲学与原理，重心总是在文字之外。因此，我的书和其他作家的不同，更多的是全局构造和议论。

我很乐于去展现一个事物的结构和理论，让更多的人能够了解它。对别人来说，这是一个苦差，于我却是一件乐事。我发愁的是如何把文字写得流畅易懂，因此总会把这部分的工作交由他人代劳。

AI 时代人类能做什么

我一直相信，作为一种习惯，"不断提问"必然会成为人类最基本也最有价值的行为之一。可以马上得到答案的问题就扔给机器，人的价值在于在面对不知道答案的问题时，可以不断思考，不断提问。

正确地提出问题，本身就很有价值。这是探索、科学和创造性的基础，是创新。人类未来的工作将会变成提问，以及应对不确定性。

在这里我想介绍一下自己关于"提问"的思考。提出问题，不代表一种反乌托邦的精神，那样是解决不了问题的。同时，也不是好莱坞科幻大片的那种不切实际的幻想。好莱坞电影里的"未来世界"都太虚无缥缈了。

最切实的做法是去质疑人们习以为常的事情，学会推翻常理进行思考。虽然所谓的常理和常识大都是正确的，但不排除其中夹杂着错误的东西。如果能够将这些错误找出，就会是一个新的发现。对常识持怀疑态度很重要，质疑是打开新局面的开始。

举例来说，20世纪60年代，英特尔创始人戈登·摩尔提出了"摩尔定律"，其核心内容就是"集成电路上可以容纳的晶体管数目在大约每经过18个月到24个月便会增加一倍"。所有人都默认这个变化是持续的，那么你就可以反向思考，假如这个过程停下来了会发生什么。如果摩尔定律突然停止，必然会发生重大的改变，我一直以来所说所写的那些事情都不会发生。又或者摩尔定律提到的速度突然加快了呢？极端地说，假如这个速度变成了 20 倍，又会发生什么呢？如果这样，那么每年都会发生巨大的变化，世界的走向也将完全不同。我举这个例子就是希望年轻人可以用这样颠覆常识、质疑常理的态度思考问题、思考未来，这样才有可能在平平无奇中发现新的线索。

此外，还要学会寻找证据。我们在凭空思考未来的样貌时，脑子里会产生各种天马行空的念头。而接下来我们要做的，就是去寻找具体的论据。可以先去查找相关的研究，如果能够找到，就可以进一步深化自己的研究，寻找更多的证据，并由此做出合理的推测。当我们想要质疑常理——比如设想一下摩尔定律加速 20 倍——的时候，也要找到相应的证据，寻找相关的论文，证明这种假设的可能性。

构想未来，其实一半在于构想，剩下的一半在于寻找论据和方法，帮助我们实现构想。

终章

5000 天后的世界

大约就是在互联网开始普及后的 5000 天时，社交媒体开始进入我们的生活。现在，差不多也到了社交媒体出现后的 5000 天。

未来的 5000 天，会比之前的 5000 天变化更大。我们现在使用的科技，基本都有些历史了。就像我们身边的混凝土楼房和电路，都不是新科技的产物。在过去的 5000 天里，并非所有事物都在发生变化，变化的只是生活中很少的一部分而已。这一小部分变化，会继续引发未来 5000 天内更大的改变。但是，世界上至少有 95% 的事物还会维持原样。

我的焦点一直放在这不到 5% 的变化上，因为它们未来还会继续改变，而且基本都不会是物理性的改变。产业革命带来的主要是物理性的改变，比如修建水坝、摩天大楼、宽阔的马路，改变城市布局等。但是未来不再需要这些改变，全世界人口都会呈减少的趋势，基础建设已经没有增加的必要了。

未来的改变主要发生在精神领域。比如我们的交往模式、休闲方式、对自己的认知、人生观、与别人建立联系的方式等。我们存在的意义是什么，该如何理解万事万物，该怎样追求真理、推动科学的发展，这些才是将要发生改变的部分。这些改变并不容易看出来，但确实会在未来 5000 天内发生。

人类对科技的态度有点过于谨慎。我们很少去关注落后科技的弊端，而总是在担心新科技可能会带来的风险，不会对新科技的风险与旧科技的弊端进行比较。我们应该对新的科技持有更加公平的态度。无论是太阳能发电、数字货币、基因工程还是 AI，我们都应该把它们的优缺点拿来和既有科技的优缺点进行对比。

科技拓宽了选择的范围

我之前说到科技的功过之比是 51% 比 49%，科技越先进，可能带来的危害也就越大。举个极端的例子，古时候杀人只能靠锤子、匕首，现在杀人可以用放射线，用新型病毒，甚至用无人机。但是，我们不能只看到这些，因为新的科技其实给了我们新的选择。刚刚说到的杀人手段，同时也可以成为救人的方法。这就是新的选择。

我们可以选择破坏，也可以选择向善，听起来有点不可思议。但是使用新科技的价值之一就是增加我们的选择。在选择之间只要有很少的百分比偏向好的一面，就会带来很好的改变。

就像我之前提到的那样，纵观历史我们就能找到答案。当形成了长久的平衡后，好的一边一定会超过坏的一边，因此总体而言一定是好的结果。

比如气候问题。因为科技的进步，我们的生活越来越方便和安全。但同时也有人质疑，认为人类的发展带来了气候问题。

我想说的是，新的科技同时赋予了我们管理气候问题的能力。也许气候问题解决起来并不容易，但它最终是可控的。例如，我们可以在长期范围内控制气候变化，控制气温持续上升和海平面上升。也许无法将数值降到历史水平，但是可以将气候变化尽量控制到最低。人类发展就要见招拆招，而且要放在长期范围内，不能寄希望于一组专家在短时间内解决问题。如果给我们时间，变化和变化率都是可控的。

对于科技带来的问题，永远不能靠减少科技解决，而应该发明更好的科技。虽然环保人士和评论家主张"减少科技的使用范围以解决滥用科技造成的问题"，但我认为这样并不正确。如果不能发明出更多、更好的科技，我们是无法解决现有的问题的。

原书序

5000 天后将迎来崭新的巨大平台

本书的作者凯文·凯利被人们称为"预言者",因为他成功预测了许多科技的新趋势。其中包括 GAFA 的"赢者通吃"现象、免费经济的到来等一系列由科技引发的变化。

在互联网实现商业化的 5000 天(约 13 年)后,社交媒体这一全新平台出现在人们的视野中。到今天,又过去了 5000 个日夜。互联网和社交媒体宛若两股强大的势力，给我们的生活带来了翻天覆地的变化。如果以 5000 天为单位，下一个变化会是什么呢？

凯文·凯利是一位少有的新时代的思想者，他为人们勾绘出"下一个未来"的样子。到了那时，世间万物均可以与 AI 连接，现实世界与数字化完美融合，产生出 AR 的世界，即镜像世界。

在镜像世界中，身处不同地点的人可以在全球实时构建虚拟世界。在这样的未来中，数以百万计的人可以同时参与一项事业。届时，实时自动翻译器会充分发挥其作用，语言不再是壁垒，你可以和世界上的任何人自由对话、共同协作。继社交媒体之后，世界上会出现这样一个崭新的巨大平台。

新的平台还会对人们的工作方式和政府的角色产生极大影响。如果地理位置不再影响与他人的协作，那么新的组织势必诞生，其形态完全不同于现在的公司。同时，虚拟世界的发展，使得真正意义上的面对面交流变得弥足珍贵。这些变化最终导致的结果，就是城市将服务于特定的产业类型，吸引相应产业的从业人员聚集，从而加剧城市间的人才争夺战。

凯文·凯利预测，未来镜像世界中的胜利者，应该是目前还默默无闻的初创公司。镜像世界会帮助数以万计的公司胜出，也会带来新的商机。

回顾一下并不遥远的从前，距离第一代苹果手机的诞生，大约也就 5000 天的时间。这 5000 天里，我们的生活发生了巨大的变化。单以日本为例，如今智能手机的保有率已然超过 80%，很多人已经无法想象没有智能手机的生活。

而凯文·凯利断言："未来的 5000 天，与迄今为止的 5000 天相比，会发生更大的变化。"同时，他认为很多并非物质层面的变化，人们的人际关系、休闲方式，甚至人生观都可能会发生改变。

为何可以预见未来

1993 年，在互联网的黎明时代，凯文·凯利创办了《连线》杂志。他曾经采访过以比尔·盖茨、史蒂夫·乔布斯、杰夫·贝佐斯为代表的一众风云创业家。《连线》杂志是全球发行的世界著名杂志，一直致力于报道科学技术带来的经济、社会变革。

40年来，凯文·凯利目睹了硅谷众多公司的兴衰沉浮。不仅如此，他还能纵观数百年科技发展的历史，对科技进行定义，深入观察，其视角无异于哲学家。凯文·凯利的着眼点不限于最热门的现象和最尖端的科技，他能凭借长期以来对历史的思考预测未来，这才是他的过人之处。

凯文·凯利思考方式的精髓，一言以蔽之，就是"倾听科技，洞见未来"。"倾听科技"，听起来有些荒诞，也不知道有几分实现的可能。关于这一点，我们会在本书的后半部分进行具体的解读。不过现在也可以告诉大家，这句话的意思就是要认识科技的"性质"，要知道它想要的是什么。只要做到这些，就能够预知科技带来的变化，能够预想到未来的样子。

本书分为两个部分。从第一章到第四章描绘的是全新科技打造出的未来世界的面貌——以镜像世界为中心，AI得到高度发展；第五章和第六章则重点解读凯文·凯利做出以上预言的基础——其特有的思考方式。

2019 年至 2021 年，凯文·凯利接受了一个历时两年之久的访谈。由大野和基负责采访，大岩央负责编辑，并在此基础上出版本书。最初的访谈地点是凯文·凯利位于旧金山的住所，绿树掩映，景色宜人。后因为新冠肺炎疫情，改为通过线上会议的形式进行。日文译者为服部桂先生，他曾供职于《朝日新闻》，翻译了大量凯文·凯利的著作。

那么，让我们一起开启这场通往未来的旅程吧！

大野和基及编辑部同人

原书后记

何为乐观主义者

最难做到的是"知己"

正如在序言中所说，本书是以对凯文·凯利的访谈为基础编写而成的。这个访谈的大部分是在凯文·凯利位于旧金山的住所进行的。这处住所位于旧金山机场以西 12 到 13 公里的山麓，自然环境优美。

回想起 2019 年的夏季，我每天都往返于酒店和凯文·凯利的住所之间。那一年，因为和他频繁对话，我开始回头审视自己的人生和生活方式。凯文·凯利的话带给我很多思考。特别是本书的第五章"倾听科技 洞见未来"和第六章"创新与成功的困境"，我相信读者们在阅读之后也会认真思考自己的人生。

面对变化如此之快的世界，人们会感到焦虑，担心如果不有所作为就会落后于时代。如果不想因为一味迎合变化而慌了手脚，就应该像作者说的那样——掌握学习的方法。

回顾我自己的人生，其实走了不少弯路。我在日本学习了美国文学和国际关系等专业，在美国读完化学专业后，进入医学院读了两年，中途退学，然后成为一名记者。在他人看来，我这一路兜兜转转走了太多弯路，还有很多熟人都对我从医学院退学感到惋惜，问我为什么不坚持。我的答案非常简单——因为我清楚地意识到自己不适合做医生。

很多人并不真的了解自己。凯文·凯利说过："什么是自己有别于他人的最擅长的领域，这才是最难回答的问题。想要找到答案，就必须进行极其认真的自我剖析。"

凯文·凯利和我都是记者，我们的确在思维方式和想法上有许多相通之处。我们都需要找到从未为人所知的第一手资料，需要和采访对象面对面交流。此外，还需要动笔。凯文说过："只有写下来，才能知道自己是否真的明白。"因此，我们都"需要有具体的体验"。有些事读再多的书和论文也不能真正理解，还会产生很多疑问。想要解决这些疑问，就需要和作者直接会面。这是一个记者最基本的要求。

从这个意义上说，最了解读书的局限的人可能就是记者了。

成功者的共性

在我 35 年的记者生涯中，曾经和几千个采访对象面对面谈话，其中有很多是成功人士。

我发现，这些人的共通之处就是他们都是乐观主义者，无一例外。

凯文也是如此。他说过："乐观几乎就是我的信仰和信念。"我认为即使将他的信念上升到宗教层面，称其为"乐观主义教"也不为过。即便面对看似没有可能、无法解决的难题，如果有坚定的乐观主义精神，就有跨越难关的可能。我觉得这绝对不是夸大其词，只要保持乐观主义，我们就会拥有凯文所说的"能动的想象力"。

日本社会普遍会对失败者冷眼相对。因此凯文建议召开"失败分享会"，也就是只讨论失败案例的会议，以此"让失败的经历也发挥积极的效果，让社会大众更能接受失败"。

迄今为止我采访过的成功人士都异口同声地表示自己从成功中学不到什么东西。我也采访过大约 20 位诺贝尔奖获得者，其中包括 2020 年诺贝尔化学奖得主詹妮弗·杜德纳博士，这位才华横溢的科学家就是本书提及的基因编辑技术 CRISPR-Cas9 的开创者。我至今还记得她笑着说自己"几乎所有的实验都以失败告终"。经过多年的失败，最终取得成功，这其中有侥幸的因素。但是这种侥幸和偶然只会降临到乐观主义者的身上。

最后，我要借此机会感谢大岩央先生，他是本次访谈的策划者，采访时和我一同前往，并对本书进行了编辑。此外，我要感谢服部桂先生为本书翻译工作的辛苦付出。同时，还要特别感谢凯文·凯利先生每天都拿出很长的时间接受我的采访。

大野和基

2021 年 9 月于那须高原